Matthias Friske

Die Neue Welt der Deutschen

Geschichtswissenschaft, Band 34

Matthias Friske

Die Neue Welt der Deutschen

Deutsch-Amerika – ein fast vergessenes Kapitel amerikanischer Geschichte

Frank & Timme
Verlag für wissenschaftliche Literatur

Umschlagabbildung: Straßenschilder in Germantown © Matthias Friske

ISBN 978-3-7329-0811-0
ISBN E-Book 978-3-7329-9151-8
ISSN 1860-1960

Herstellung durch Frank & Timme GmbH,
Wittelsbacherstraße 27a, 10707 Berlin.
Printed in Germany.
Gedruckt auf säurefreiem, alterungsbeständigem Papier.

www.frank-timme.de

Inhaltsverzeichnis

Meinem Vater Helmut Friske (1928–2007) gewidmet

Vorwort

Das vorliegende Buch ist das Ergebnis einer jahrzehntelangen Recherche. Bereits in Kindheitstagen war das Thema der „amerikanischen Verwandten“ ein roter Faden in unserer Familie. Noch mehr aber die „Mühlenberg-Legende“ (allerdings noch ohne diesen Namen). Aber erst das Ende der DDR brachte dann nach 1989 ganz ungeahnte neue Möglichkeiten: Zum einen durch die Beschaffung von Quellentexten, zum anderen dadurch, dass sich Reisemöglichkeiten eröffneten. Eine erste große Reise führte 1993 denn auch in die USA und dort in das „Herz“ der deutsch-amerikanischen Siedler des 19. Jahrhunderts, den Mittleren Westen. Den Abschluss dieser langen Reise bildete ein bemerkenswertes Oktoberfest in Chicago.

Das eigentliche Manuskript des vorliegenden Textes entstand jedoch erst nach der Jahrtausendwende, zum einen um den mittlerweile immer unübersichtlicher gewordenen Stoff zu ordnen, zum anderen, um auch etliche Ergebnisse der englischsprachigen Forschung einfließen zu lassen, zumal sich nun ein durchaus neues Bild ergab.

Abgerundet wurde diese Phase der Recherche schließlich durch eine erneute Reise über den Atlantik, die 2019 zu den wichtigsten Orten der frühen Geschichte der Deutsch-Amerikaner führte. Unter den vielen Eindrücken dieser Reise ragt ein Gottesdienstbesuch heraus, in der ältesten ununterbrochen genutzten lutherischen Kirche in den Vereinigten Staaten, der Hebron Church in Virginia, mit einer herzlichen Begegnung mit Mitgliedern der Germanna Foundation.

Es war eine glückliche Fügung, dass diese Reise noch vor der Corona-Krise stattfinden konnte, zugleich brachte die Krise selbst jedoch auch die nötige Zeit aus einem Manuskript eine druckreife Schrift zu erstellen.

Letztlich wären aber all diese Vorarbeiten und Mühen vergebens gewesen, hätte nicht durch den hochgeschätzten Gunther Spraul der Kontakt zum Frank & Timme Verlag hergestellt werden können, der das Ergebnis dieser langjährigen Forschungen in sein Verlagsprogramm aufnahm. Ein herzlicher Dank deshalb auch an Karin Timme, die sich für das Thema erwärmen konnte, an den Lektor Joachim Güntner, der etliche Ergänzungen beisteuern konnte und Andre Walter, der das Layout setzte. Ebenfalls gedankt wird Dorothea Leisegang und Madison Brown (Parkersburg, West Virigina).

Matthias Friske, Salzwedel im Herbst 2021

Einleitung

> *Ich bin ein Deutscher – dieses Wort*
> *treibt mich aus meiner Heimat fort.*
> *Ich bin der Völker Paria*
> *und darum – nach Amerika!*
> Theobald Kerner (1817–1907)

Blickt man auf das Verhältnis zwischen Europa und den Vereinigten Staaten von Amerika, so kann man eine eigenartige Ambivalenz beobachten: Unübersehbare Nähe trifft immer wieder auf starke Abgrenzungsbemühungen. Die USA sind gegenwärtig (noch) die einzige politische Supermacht, und aus ihrem hegemonialen Blickwinkel ist Europa eben nur *ein* Teil der Welt unter anderen. Von Europa aus richtet sich der Blick dagegen stark auf den jüngeren Vetter jenseits des Atlantiks – weit stärker als umgekehrt. Einerseits wird da immer wieder die amerikanische Hegemonie sowohl in politischer als auch in kultureller Hinsicht beklagt, andererseits gibt es kaum gesellschaftliche Entwicklungen in Europa, für die nicht die Vorbilder in den USA zu finden sind. Vielleicht ist es ja gerade dieses durchaus einseitige Gefälle, dass zu einer oftmals hyperkritischen Betrachtung der Kultur in den USA führt.

Letztlich sind die beiderseitigen Gemeinsamkeiten jedoch beinahe überwältigend. Historisch ist das leicht erklärlich: Es waren Europäer, die gen Westen über den Ozean zogen und dort einen neuen Staat gründeten. In den USA verschmolzen die vielgestaltigen (und vielsprachigen) europäischen Völker zu einer neuen Nation. Und auch in Zeiten der *Political Correctness* (ebenfalls einer in den USA entstandenen Mode) bleibt es eine unbestrittene Tatsache, dass der *Melting Pot* USA trotz aller Diversität ein europäisch geprägtes Land wurde. Indianer spielen als fast ausgerottete Minderheit nur noch eine folkloristische Rolle, und der schwarze Bevölkerungsanteil, obgleich er früher vor allem in den Südstaaten mancherorts durchaus erheblich war, überstieg im gesamten Land nie die 20%-Marke und liegt heute deutlich unter 15%.

Auch konnten Sklaven aufgrund ihres entrechteten Daseins kulturell für die Mehrheitsgesellschaft nur sehr begrenzt wirksam werden. Selbst die teilweise hysterische Züge annehmenden Schuldbekenntnisse, Menschen nicht-weißer Hautfarbe diskriminiert zu haben und immer noch zu diskriminieren, sind offensichtlich in erster Linie ein „weißes" Phänomen.

Lateinamerikanischer Einfluss wiederum ist vor allem eine Erscheinung der Gegenwart und das, was die Latinos mitbringen, wurzelt zu großen Teilen ebenfalls in Europa (seinem mediterranen Teil). Inwieweit die mittlerweile global ausgeweitete Einwanderung in den USA das Übergewicht europäischer Prägungen künftig verändern wird, bleibt abzuwarten.

In der öffentlichen Wahrnehmung erscheinen die USA jedenfalls nach wie vor als eine Art Ableger Großbritanniens bzw. Englands. Dies zeigt sich z. B. in den Themen unzähliger Hollywoodfilme, die vorwiegend die englische Geschichte behandeln. Diese Wahrnehmung resultiert vor allem aus der Tatsache, dass die 13 Gründerstaaten eine englische Kolonie waren (was bei näherer Betrachtung jedoch auch nur teilweise stimmt), aus dem Sachverhalt, dass das Englische die allgemeingültige Sprache in den USA wurden und nicht zuletzt aus einer (sicher auch aus der gleichen Sprache resultierenden) engen politischen Verbindung, die vor allem im 20. Jahrhundert in beiden Weltkriegen im Bündnis ihren Ausdruck fand.

Dabei wird jedoch häufig übersehen, dass unter den Europäern, aus denen das amerikanische Volk hervorging, die Engländer nur einen Teil ausmachten – und zwar nicht einmal den größten, selbst wenn die anderen britischen Völker wie Waliser oder Schotten hinzugezählt werden. Aktuelle Umfragen zur Abstammung der US-Amerikaner erbringen nämlich überraschende Ergebnisse. Mindestens zwei Bevölkerungsgruppen sind dort noch vor den Engländern zu finden: An zweiter Stelle die Iren und an allererster die Deutschen.

Um den Anteil der Deutschen an der Herausbildung der amerikanischen Nation soll es im Folgenden gehen. Dabei wird der Herkunftsbegriff „deutsch" in dem Sinne gebraucht, in dem er über Jahrhunderte üblich war, nämlich als Kennzeichnung der Zugehörigkeit zu einer Sprach- und Kulturnation. „Deutsch" in diesem Sinne orientiert sich also in erster Linie an der Sprache der Einwanderer und meint nicht die Staatsbürgerschaft, die ja sowieso für den allergrößten Teil des betrachteten Zeitraums noch gar nicht existierte.

Für die Neuankömmlinge war es praktisch bedeutungslos, ob sie zuvor Untertanen etwa des preußischen, habsburgischen, französischen oder auch russischen Herrschers gewesen waren. In der Neuen Welt zählte in erster Linie die Muttersprache und die sich daraus ergebende kulturelle Prägung. In der Frühzeit der Einwanderung werden wir dabei mit dem Phänomen konfrontiert, dass gerade Norddeutsche – aufgrund der niederdeutschen Sprache – einen durchaus eigenständigen deutschen Kulturraum bildeten, aus dem erst im Laufe des 17. Jahrhunderts die niederländische Volksgruppe ausschied.

Die folgende Arbeit ist chronologisch strukturiert. Das heißt, dass nach einem einleitenden Kapitel die frühe Zeit der europäischen Siedlung auf dem Gebiet der späteren USA beleuchtet wird, dann das Jahrhundert vor der Unabhängigkeit, danach der Unabhängigkeitskrieg selbst und schließlich das 19. Jahrhundert bis zum Ersten Weltkrieg.

In diesem letzten Kapitel der deutschen Einwanderungsgeschichte in die USA werden zudem beispielhaft Biographien etlicher bekannter oder auch weniger bekannter Persönlichkeiten behandelt. Den Abschluss bildet ein Ausblick bis in die Gegenwart.

Insgesamt bringt das Thema es mit sich, diverse Zahlen, Statistiken und Berechnungen anzuführen. Das mag zuweilen ermüdend wirken, aber wir sollten dabei immer im Auge behalten, dass sich hinter jeder dieser Zahlen Menschen aus Fleisch und Blut verbergen, die erst durch Quantifizierung zu statistischen Größen werden. Und eine quantifizierende Betrachtung braucht es, weil erst ab einer gewissen Größenordnung die vielen Einzelpersonen zu einer wirklich geschichtsmächtigen Kraft werden konnten, deren Spuren wir bis heute begegnen.

Beginnen wir aber mit einer modernen Sage:

Die Mühlenberg-Legende

In meiner Kindheit erzählte mir mein Vater folgende Geschichte: Eigentlich stamme die größte Zahl der US-Amerikaner aus Deutschland, nur dass gerade die Deutschen schneller als die anderen Einwanderer ihre Muttersprache ablegten und geschwind zum Englischen wechselten (was sich anhand von Beispielen aus der eigenen Familie durchaus belegen ließ). Danach folgte dann die eigentliche Anekdote.

Beinahe wäre nämlich Deutsch und nicht Englisch die Amtssprache in den USA geworden. Zur Zeit des Unabhängigkeitskrieges sollte es demnach eine Abstimmung gegeben haben, bei der genau diese Frage im Mittelpunkt stand. Mit nur einer Stimme Mehrheit sei damals jedoch gegen Deutsch entschieden worden und das auch nur, weil der Vorsitzende des Gremiums – ein Deutscher – für Englisch gestimmt habe.

Offenbar war diese Geschichte durchaus weit verbreitet, denn später konnte ich sie auch von etlichen anderen Personen hören und es ließen sich sogar noch weitere Details in Erfahrung bringen. Demnach hatte die Abstimmung im amerikanischen Kongress und zwar bei einer Sitzung in Philadelphia stattgefunden. Bekanntlich war diese Stadt, in Pennsylvania gelegen, nach New York und vor Washington Hauptstadt der jungen Vereinigten Staaten von Amerika. Auch der Name des Leiters der Kopf-an-Kopf-Abstimmung – Mühlenberg – wurde genannt.

Einziger Haken an dieser – insgesamt doch recht detailreichen – Geschichte: Nirgends ließ sich eine überprüfbare Quelle dazu finden!

Nun war es in der verflossenen DDR allerdings so, dass überprüfbare Informationen ausgesprochen schlecht zu beschaffen waren; zumal dann, wenn sie die Geschichte des großen Klassenfeindes USA betrafen. Mal hieß es also, die Erinnerungen von Carl Schurz seien die Quelle, mal wurde vage irgendein ein anderes Buch genannt, in dem der Informant jene Geschichte gelesen haben wollte. Meist bezog man sich sogar nur auf mündliche Überlieferungen. Aber nirgends konnte man wirklich fündig werden.

Die Frage nach dem Wahrheitsgehalt trieb etliche Menschen um. Herausgestellt hat sich Folgendes:

In der oben genannten Form gab es eine solche Abstimmung nie. Dass diese Geschichte dennoch so großen Zuspruch fand, lag aber offenbar daran, dass man feststellen muss: Es *hätte* sie durchaus geben können.

Letztlich handelt es sich bei der sogenannten Mühlenberg-Legende, auch wenn sie aus der Neuzeit stammt, um eine typische *moderne Sage*, denn sie besitzt einen wahren Kern, wurde offensichtlich mündlich überliefert und dabei zugleich umgeformt. Generationen von Forschern waren bemüht, ihren Ursprung (und vor allem natürlich ihren geschichtlichen Wert) zu ergründen. In der jüngsten Literatur bis hin zu Wikipedia wird als ursprüngliche Quelle allgemein der Westfale Franz von Löher (1818–1892) angegeben, der in den 1840er Jahren ein viel gelesenes Buch veröffentlichte.[1] Löhers Werk erschien 1847 auf Englisch in Cincinnati, dem Mekka der Deutschamerikaner. Es gilt als erste wissenschaftlich fundierte Geschichte der Deutschamerikaner und könnte so tatsächlich den Beginn der Ausbreitung der Legende markieren.

Fast alle nachfolgenden Autoren, die über die Deutschamerikaner schrieben, folgten der Gliederung von Löhers Buch. Dies gilt von Albert B. Faust, der zu Beginn des 19. Jahrhunderts die bis heute fundierte Darstellung verfasste, über den vor allem in Deutschland sehr einflussreichen Rudolf Cronau und seine Arbeit zwischen den Weltkriegen bis hin zu dem in der Gegenwart renommiertesten Forscher zum Thema, Don Heinrich Tolzmann.

Löher schrieb von patriotischem Stolz erfüllt und war dementsprechend bemüht, den Anteil der Deutschen an der US-amerikanischen Geschichte möglichst groß und bedeutend erscheinen zu lassen. Außerdem berief er sich mehr als einmal auf mündliche Quellen oder verzichtete vollkommen auf eine Quellenangabe. All das ist sicher problematisch, weil es das Vordringen zum Ursprung erschwert – aber die Mühlenberg-Legende hat auch er eben nur teilweise in die Welt gesetzt.

So berichtet Löher (ohne Quellenangabe) an zwei Stellen seines Werkes lediglich von einer Abstimmung im Bundesstaat Pennsylvania.[2] An der ersten

1 Vgl. z. B. Emmerich 2010, S. 48.

2 Löher 1855 (2. Auflage), S. 194 und S. 198.

angegebenen Stelle ist die Rede von einem abgelehnten Antrag über die Gesetz- und Gerichtssprache in Pennsylvania *„nicht lange nach dem Friedensschluß"*. Am zweiten Ort wird das Thema dieser Abstimmung so beschrieben: *„ob die herrschende Sprache auf dem Landtage, an allen Gerichten und in den Urkunden in Pennsylvanien die deutsche sein solle"*. Zudem findet sich nun das ergänzende Detail, dass Stimmengleichheit geherrscht habe und den *„Ausschlag zu Gunsten der englischen Sprache … ein Mühlenberg"* gab. An einer weiteren Stelle[3] berichtet Löher dann über eine Bewegung zur Aufwertung der deutschen Sprache in den Jahren 1835/36 in Pennsylvania.

Damit trifft ihn der Vorwurf fehlerhafter Überlieferung an dieser Stelle insofern zu Unrecht, als er letztlich auch nur das referiert, was immer wieder als „wahrer Kern" der Legende hervorgehoben wird: eine knappe Abstimmung über die Veröffentlichungssprache amtlicher Texte, zudem auf einen einzelnen Bundesstaat beschränkt.

Der Amerikaner Don Heinrich Tolzmann hat den Ursprüngen nachgespürt und darauf hingewiesen, dass es mehrere solcher Abstimmungen gegeben hat. So brachte im Januar 1794 eine Delegation der Deutsch-Virginier im Repräsentantenhaus einen Antrag ein, Gesetze *auch* auf Deutsch zu veröffentlichen. Der Antrag wurde damals abgelehnt, u. a. weil Frederick Augustus Mühlenberg (1750–1801) sich dagegen positionierte.[4] Mühlenberg war Mitglied einer weitverzweigten deutschstämmigen Familie und amtierte von 1789–1791 als erster Sprecher des Repräsentantenhauses. Er bekleidete dieses Amt dann von 1793–1795 noch einmal.[5] Nach dem Präsidenten und dem Vizepräsidenten war es gewissermaßen das dritthöchste Amt im Staat und F. A. Mühlenberg gilt damit bis in die Zeit von Carl Schurz als einflussreichster deutschstämmiger Politiker in den USA.

Hier ging es also um Vorgänge in Virginia und nicht in Pennsylvania. In Pennsylvania soll es dann laut Tolzmann 1828 eine weitere mit nur einer Stimme Mehrheit abgelehnte Abstimmung über die Gleichstellung von Deutsch mit Englisch gegeben haben: *„In 1828 a motion was defeated by one vote to make*

3 Löher 1855, S. 283f.

4 Tolzmann 2000, S. 403f.

5 Wellenreuther 2016, S. 201.

German equal with English."[6] 1843 gab es nochmal einen, diesmal durch Pennsylvanier eingebrachten, ähnlichen Antrag wie 1794, der aber erneut knapp abgelehnt wurde.[7]

Trotz dieser Abstimmungsniederlagen war die Veröffentlichung amtlicher Texte auf Deutsch zeitweilig in einzelnen Bundesstaaten durchaus üblich.

Wie dem auch sei, Löhers Darstellung mag durch die zeitliche Verschiebung bzw. Vertauschung von einzelnen Sachverhalten unkorrekt gewesen sein, dieser Fehler ist aber letztlich eher marginal. Die Legende, wonach es um eine Abstimmung über die *Amtssprache in den gesamten USA* gegangen sei, hat nicht er erfunden. Für diese Fama sorgten erst die mündlichen Tradenten der Geschichte. Denn es ist mehr als plausibel, dass die Leser seines Werkes mündliche Ausschmückungen der Tatsachen vorgenommen haben, die letztlich zur Mühlenberg-Legende führten – und damit zur Entstehung dieser modernen Sage.

In Anbetracht dessen, dass sie bereits gegen Ende des 19. Jahrhunderts flächendeckend im Umlauf war und unter Berücksichtigung dessen, dass Mitte des 19. Jahrhunderts kaum jemand Bücher zu diesem Thema besessen haben dürfte, scheint dies jedenfalls der wahrscheinlichste Werdegang der sogenannten Mühlenberg-Erzählung gewesen zu sein.

Trotz all ihrer Zweifelhaftigkeit steht diese Geschichte vom Sieg des Englischen über Deutsche symbolhaft für eine durchaus merkwürdige Tatsache: Bei sämtlichen Umfragen der letzten Jahrzehnte gab eine relative Mehrheit der US-Amerikaner deutsche Wurzeln an, doch nur eine verschwindend geringe Minderheit von ihnen beherrscht tatsächlich die deutsche Sprache. Blickt man auf den nachweisbaren Umfang der in die USA eingewanderten Nationen anhand der Zahlen, die seit etwa 1820 sicher belegt sind, dann führen wirklich die Deutschen mit weitem Vorsprung: Sechs bis sieben Millionen(!) Deutschsprachige zogen in den letzten beiden Jahrhunderten über den Atlantik, das sind wesentlich mehr als jene Einwanderer, die aus Irland, Großbritannien oder anderen Ländern kamen.

---

6 Tolzmann 2000, S. 404.

7 Tolzmann 2000, S. 404.

Spricht man für die US-amerikanische Geschichte von einem Schmelztiegel der Nationen und Ethnien, so ist zu konstatieren, dass im berühmten *Melting Pot* lediglich die europäischen Einwanderer verschmolzen (einschließlich der in jüngeren Wellen ins Land gekommenen Süd- und Osteuropäer). Hingegen blieb die indianische Urbevölkerung – soweit sie nicht völlig verschwand – eher darauf bedacht, eigene Traditionen und Werte zu pflegen. In ähnlichem, wenngleich geringerem Maß gilt dies auch für die als Sklaven ins Land gebrachte schwarze Bevölkerung. Sie bildete in den USA (anders als in Lateinamerika) einen komplett eigenständigen Bevölkerungsteil, woran auch die *Great Migration*[8] aus dem Süden in die Nordstaaten oder die Aufhebung der Rassengesetze im Süden nichts Wesentliches geändert haben. Immerhin kam es jedoch zu deutlichen Annäherungen an die angloamerikanische Kultur, etwa durch die Übernahme der englischen Sprache, der christlichen Religion und der Identifikation mit der Verfassung. Allerdings ist die räumliche und familiäre Separierung der schwarzen Bevölkerung nach wie vor beinahe eine Art Grundmerkmal: Man lebt in eigenen Stadtteilen und heiratet bevorzugt untereinander – ohne dass dies auf äußeren Druck zurückzuführen wäre.

Bei der erst jüngst hinzugekommenen Gruppe der Latinos ist in vielen Fällen nicht einmal mehr die Übernahme der englischen Sprache zu bemerken, auch Lebensart und Lebensstil werden beibehalten. Dies dürfte ein Grund für den verstärkten Widerstand gegen weiteren Zuzug aus Lateinamerika sein.

Zunehmend ersetzt die Rede von der „Salatschüssel" *(Salad Bowl)* als einer bunten Mischung, worin jede Zutat ihren eigenen Geschmack bewahrt, die Schmelztiegel-Diagnose. Inwieweit in der Zukunft die verschiedenen Großgruppen nebeneinander existieren oder verschmelzen werden, kann in dieser historischen Betrachtung keine Rolle spielen.

Gingen Auswanderer aus Deutschland nach Übersee, dann verließen sie ihre Heimat fast immer mit dem Ziel USA. In der Zeit der Massenauswanderung

8 Bei diesem Begriff sind zwei Völkerwanderungen zu unterscheiden, die nichts miteinander zu tun haben, aber beide als *Great Migration* bezeichnet werden: die des 17. Jahrhunderts, die 1630–1650 zigtausende Engländer aus Europa nach Amerika brachte, und die inneramerikanische des 20. Jahrhunderts, bei der zwischen 1910 und 1970 Millionen von Schwarzen den Süden der USA verließen.

im 19. Jahrhundert z. B. galt dies für etwa 90 Prozent derjenigen, die den deutschen Sprachraum verließen. Die USA waren praktisch *das* überseeische Auswanderungsland der Deutschen, denn Deutschland besaß bis zum Ende des 19. Jahrhunderts keine eigenen Kolonien; also kein Australien wie für die Briten, kein Kanada wie für die Franzosen und kein Südafrika wie für die Holländer. Auch waren die anschließend für kurze Zeit erworbenen Kolonien für Siedler denkbar unattraktiv.

So gesehen kann es eigentlich nicht erstaunen, dass die USA einst eine wirklich außerordentlich starke deutsche Prägung besaßen. Deutsche Einwanderer gaben im gesellschaftlichen, geistigen und kulturelle Leben den Ton an; sie zeigten als Politiker, Zeitungsverleger und Kirchengründer Präsenz, waren gut organisiert, pflegten ein reges Vereinsleben und hielten die Erinnerung an ihre Herkunft lebendig. Doch diese kulturelle Selbstbehauptung zerfiel im 20. Jahrhundert.

Bis heute ist der deutschstämmige Anteil an der Bevölkerung der USA der größte, aber eben nur in einer relativen Aufstellung, denn das amerikanische Staatsvolk entstand aus der Verschmelzung vieler Völker. Auch für die Abkömmlinge anderer europäischer Nationen, etwa der Iren oder der Skandinavier, auch der Italiener und vieler Osteuropäer, waren die Vereinigten Staaten das Hauptziel.Das Missverhältnis zwischen der hohen Zahl deutscher Einwanderer und den – zumindest auf den ersten Blick – eher schwachen kulturellen Spuren, welche als „deutsche Spuren“ in den USA heute zu finden sind, ist der Schlüssel zum Verständnis der Mühlenberg-Legende, die im deutschamerikanischen Milieu ebenso wie in der alten Heimat so gut gedieh.

Zu diesem Missverhältnis gehört, dass es zur Zeit des Unabhängigkeitskrieges immer nur partikulare Abstimmungen über den Rang des Deutschen als Verkehrssprache gab, also nie eine Abstimmung für die *gesamten 13 Kolonien,* und dass Deutsch heute nur von einer kleinen Minderheit in den Staaten gesprochen wird. Warum das so ist und in welchem Maße es Deutsche in die späteren Vereinigten Staaten zog, soll im Folgenden näher untersucht werden.

Es geht darum, die Entwicklung der deutschen Einwanderung in die USA nachzuzeichnen. Wie hoch war der deutsche Anteil tatsächlich, im Vergleich zu den anderen (europäischen) Nationen, und wenn dieser so hoch war, warum sprechen die Amerikaner dann heute Englisch und nicht Deutsch? Was ist das Besondere an der deutschen Einwanderung und wie konnte es dazu kommen, dass gerade die größte Gruppe heute so wenig wahrgenommen wird?

Abb. 1: Friedrich August Mühlenberg, Vorsitzender im Abgeordnetenhaus des Bundeskongresses 1789–1791 und 1793–1795

Die Anfänge der „Dutch“ und die Entstehung des amerikanischen Volkes

Als im 19. Jahrhundert Massen deutscher Einwanderer in die USA strömten, trafen die Neuankömmlinge bereits auf eine ausgeprägte – englischsprachige – amerikanische Kultur. Sie assimilierten sich aufs Ganze gesehen recht problemlos und vor allem schnell.

Wesentlich weniger bekannt ist, dass ein ähnlicher Prozess bereits im 18. Jahrhundert – also noch vor Aufzeichnung exakter Statistiken – stattgefunden hatte, als schon einmal zigtausende „*Palatines*“, also „*Pfälzer*“, ins Land strömten. Auch sie trafen schon auf eine relativ fest gefügte Gesellschaft.

Offensichtlich hatte der Prozess der Herausbildung einer amerikanischen Nation (unter britischer Kolonialverwaltung) schon vorher einen gewissen Abschluss gefunden, und offenbar war dabei das englisch-britische Element das Bestimmende gewesen. So brachten die Einwanderer aus Deutschland zwar etliche Besonderheiten und Prägungen ins Land, aber konnten – und wollten – den Grundcharakter nicht ändern.

Dies führt uns nun noch weiter zurück, in das Jahrhundert der Entstehung der amerikanischen Nation. Gerade für diesen maßgeblichen Zeitabschnitt konnten in den letzten Jahrzehnten einige überraschende Einsichten gewonnen werden.

Dabei sind gleich zwei Sachverhalte zu korrigieren: Bis heute hält sich die Legende, dass die ersten deutschen Einwanderer 1683 in Nordamerika eintrafen. Noch 2010 lautete der Untertitel des repräsentativen Buches von Alexander Emmerich „*Die Geschichte der Deutschen in Amerika – Von 1680 bis zur Gegenwart*“. Auf Seite 25 schildert Emmerich folgerichtig „*Die Anfänge in Pennsylvania*“. Dass diese Darstellung ein komplettes Kapitel deutsch-amerikanischer Geschichte ausblendet, wird weiter unten ausgeführt werden. Weder war nämlich Pennsylvania der erste Ankunftsort, noch stimmt die Datierung auf 1680.

Ebenso wenig stimmt das Bild, wonach, von den Pilgervätern in Neuengland ausgehend, ein geradliniger Weg zum Unabhängigkeitskrieg führte. Auch an dieser über lange Zeit dominanten Vorstellung mussten einige bemerkenswerte Änderungen vorgenommen werden.

Schon im 17. Jahrhundert lassen sich mehrere Phasen der Besiedlung Nordamerikas durch Europäer feststellen. Geografisch zu unterscheiden sind dabei drei deutlich abgrenzbare Zonen in den späteren 13 Kolonien: der Norden, die Mitte und der Süden.

Beginnen wir bei einem Stück Sprachgeschichte: Die Bezeichnung „*Yankee*" dürfte den meisten geläufig sein. Ursprünglich entstand sie in New York und avancierte während des Sezessionskrieges zur Bezeichnung für sämtliche Nordstaatler, noch später wurde sie dann auf die Gesamtheit der US-Amerikaner übertragen.

Aufschlussreich ist die Etymologie dieses Wortes. Der Ursprung liegt höchstwahrscheinlich im Vornamen „*Janke*", einer Verkleinerungsform von „*Jan*". Jan wiederum ist die niederländische Variante von Johannes und so wird auch Janke häufig als niederländisch angesehen. Christian Gellinek wies allerdings darauf hin, dass die holländische Verkleinerung von Jan eigentlich Jan*tje* lauten müsste (vgl. analog Anna/Anke/Antje); bei Jan*ke* handelt es sich dagegen um die niederdeutsche Variante des Namens.[9]

Da der Name Jan genauso häufig im niederdeutschen wie im holländischen Bereich vergeben wurde, dürfte die Form Janke also weniger auf Bewohner der holländischen Küstenprovinzen zurückgehen als vielmehr auf Einwanderer aus der Region zwischen Geldern, Westfalen und Friesland. *Yankees* wären demnach ursprünglich Niederdeutsche.

In dieselbe Richtung weist eine andere sprachliche Besonderheit: Die Bezeichnung „*Dollar*" für die amerikanische Währung basiert auf dem niederdeutschen Wort „*Daller*" für den Taler, der im Reich der frühen Neuzeit als Zahlungsmittel üblich war.[10]

9 Gellinek 2003, S. 21.

10 Gellinek 1996, S. 78ff.

Die Herleitung dieser beiden Worte weist uns nun auf ein fast vergessenes Geschichtskapitel hin. Mag die Tatsache, dass New York ursprünglich als Neu Amsterdam gegründet wurde, noch einigermaßen geläufig sein, so ist der niederdeutsche Anteil an der frühen Besiedlung Nordamerikas erst in jüngster Vergangenheit wieder ins Bewusstsein gerufen worden.

Womit wir bei der *ersten Phase* der Besiedlung der späteren Vereinigten Staaten sind, in der die allerersten dauerhaften europäischen Siedlungsaktivitäten erfolgten. Für sie ist – zumindest in den mittleren, zum Teil aber auch in den südlichen Kolonien – ein ausgesprochen multiethnisches Bild zu beobachten. Den unzweifelhaften Beginn markierte 1607 die erste dauerhafte Siedlung in Jamestown, Virginia.

Gegründet wurde Jamestown unter englischer Ägide, es gab aber schon in dieser allerersten Siedlung einen nennenswerten Prozentsatz von Holländern und Deutschen, beide gleichermaßen „Dutch" genannt, denn zumindest Niederdeutsche und Niederländer wurden damals praktisch nicht unterschieden. Auch Franzosen sind nachzuweisen; sogar Polen wurden erwähnt.

Die Siedlungsgebiete waren unterschiedlich geprägt: in Kanada mehrheitlich französisch, in Neuengland englisch und in Neuniederland *„dutch"*. Keine der frühen Siedlungen kam über maximal vier-, manchmal auch nur dreistellige Bevölkerungszahlen hinaus. Vor allem im subtropischen Süden herrschte eine hohe Sterblichkeit.

Insbesondere das Gebiet um Neu-Amsterdam zeigte dabei ein sehr buntes Bild, bei dem neben „echten" Holländern, emigrierten Wallonen und anderen Volksgruppen auch ein maßgeblicher Anteil von Personen aus dem niederdeutschen Raum eine Rolle spielte, wie jüngste Forschungen eindrucksvoll belegen konnten.

Durch die Gründung von Neuschweden wurde das deutsche Element von Neuniederland weiter verstärkt und zudem um einen skandinavischen Anteil ergänzt. Aber auch im nördlichen Neuengland sind schon in der frühesten Phase einzelne Deutsche nachweisbar.

Hauptherkunftsgebiete dieser ersten Deutschen, die in größerer Zahl in das Gebiet der späteren USA kamen, waren dabei der friesische Raum, Bremen, der Niederrhein, Westfalen und die Hansestädte der Küste. 78 % der bekannten Personen lassen sich sicher dem niederdeutschen Sprachgebiet zuordnen. Allein ein Fünftel stammte aus Ostfriesland einschließlich Oldenburg, weitere 18 % aus den Hansestädten Bremen, Hamburg und Lübeck, sowie 14 % aus Westfalen. Der Mittelrhein folgt dann als hochdeutsches Sprachgebiet mit 11 %, andere Herkunftsgebiete fallen unter die Zehn-Prozent-Grenze.[11]

Den 196 bekannten Personen, die Gellinek für den Beginn der deutschen Einwanderung ermittelt hat, lassen sich mittlerweile 23 weitere hinzufügen,[12] die bis auf drei (aus Gießen, Mannheim und Pfalz) ebenfalls alle aus dem niederdeutschen Sprachraum stammten (fünf aus Ostfriesland, fünf aus Schleswig-Holstein, vier vom Niederrhein, drei aus Westfalen, zwei aus Oldenburg und einer aus Hamburg). In Anbetracht der damals noch ausgesprochen dünnen Besiedlung sind das durchaus beachtliche Zahlen, zumal sie fast ausschließlich mit nur einer der drei Regionen, nämlich den am schwächsten besiedelten Mittelkolonien, in Verbindung stehen.

Nach knapp drei Jahrzehnten, gegen Ende der 1630er Jahre des 17. Jahrhunderts, stellte sich die nordamerikanische Besiedlung, von Norden nach Süden betrachtet, etwa folgendermaßen dar: Im Norden – Franzosen in Quebec, Engländer in Neuengland. In der Mitte – Niederländer und Niederdeutsche und weitere Bevölkerungsgruppen in Neuniederland sowie selbige und Skandinavier in Neuschweden. Im Süden – Engländer und kleinere Anteile anderer europäischer Völker.

Wenn man sich mit der Entstehung des amerikanischen Volkes beschäftigt und dabei versucht, verschiedene europäische Anteile zu bestimmen, dann ist es unerlässlich, bevölkerungsstatistische Fragen zu klären. Exakte Zahlen werden zwar nie mehr zu ermitteln sein, aber für das Jahr 1630, also etwa zwei Jahrzehnte nach der ersten festen Ansiedlung, wird in den niedrigsten Schätzungen von etwa 4.600 Einwohnern für das gesamte Gebiet der späteren 13 Staaten ausgegangen. Neu-Amsterdam soll in jenem Jahr – vier Jahre nach der Gründung – von etwa 300 Personen bewohnt gewesen sein, zehn Jahre später waren es noch kaum mehr, nämlich ca. 400 Einwohner. Von Neuschweden weiß man,

11 Gellinek 1996, S. 85, Karte S. 84.

12 Richard Schermerhorn, www.rootsweb.ancestry.com.

dass dort 1645 lediglich 300 europäische Siedler gelebt haben sollen.[13] Nach dieser (Minimal-)Schätzung zählten Neuniederland und Neuschweden zusammen um 1640 etwa 1.000 zugewanderte Personen, und in Maryland dürften es ca. 500 gewesen sein. Ihnen standen bereits über 8.000 in der am dichtesten besiedelten Kolonie Virginia[14] sowie ca. 4.000 im südlichen und 1.000 im nördlichen Neuengland gegenüber. Virginia war nicht nur die älteste Kolonie, sondern in den frühen Jahren zugleich die mit Abstand volkreichste. So werden für Virginia schon um 1627 etwa 2.000 Siedler vermutet.[15]

Das Hauptwachstum der weißen Bevölkerung erfolgte in dieser frühen Zeit noch durch die Einwanderung. Von 1636 bis 1649 kamen jährlich weitere 500 bis 1.000 Einwanderer, im Jahrzehnt darauf sogar bis zu 2.000 pro Jahr in die späteren Vereinigten Staaten.[16]

Allerdings gab es in dieser Frühzeit auch eine sehr hohe Sterblichkeit unter den Neuankömmlingen (und eine noch weit größere unter den Indianern, da deren Immunsystem europäischen Krankheiten nicht gewachsen war, wodurch überhaupt erst die Möglichkeit der massenhaften Ansiedlung entstand). Maryland, wohin auch Weiterzüge aus Virginia erfolgten, wies erst ab ca. 1650 eine nennenswerte Bevölkerung auf (1650 ca. 2.000, 1657 4.870).[17]

Im Norden, in der Massachusetts Bay, war seit den 30er Jahren ein weiterer Siedlungsschwerpunkt entstanden, wo um 1635 ca. 4.000 Engländer lebten, um 1650 jedoch bereits etwa 12.000.[18]

Dieser Anstieg war Folge der *zweiten Phase* der Einwanderung, der *Great Migration aus England,*[19] die von 1630 bis 1650 bis zu 70.000 Engländer nach Amerika führte. Von ihnen gingen allerdings mehr als zwei Drittel in die Karibik, mit dem dortigen für Europäer so tödlichen Klima. So waren es

---

13 Shorto, S. 197, vgl. auch Wellenreuther 2000, S. 211, der für 1627 200 Bewohner von Neu-Holland nennt.

14 Wellenreuther 2000, S. 275.

15 Wellenreuther 2000, S. 211.

16 Wellenreuther 2000, S. 282.

17 Wellenreuther 2000, S. 307.

18 Wellenreuther 2000, S. 323.

19 Wie schon erwähnt, nicht zu verwechseln mit der „Great Migration" der schwarzen Bevölkerung aus dem Süden in den Norden im 20. Jahrhundert.

insgesamt ca. 20.000 bis 25.000 Engländer, die in Nordamerika bis zur Mitte des 17. Jahrhunderts die erste wirklich große Einwanderungswelle aus Europa bildeten und die vor allem Virginia und Neuengland besiedelten. In ganz Neuengland lebten somit 1660 etwa 30.000 europäischstämmige Siedler sowie weitere 27.000 in Virginia. Bei fast allen von ihnen handelte es sich aber um Ankömmlinge aus England im engeren Sinne.

In Neuniederland gab es dagegen 1639, wie oben ausgeführt, erst weniger als 1.000 Personen und 1645 ca. 2.500.[20] Anschließend erfolgte jedoch auch dort ein nennenswerter Anstieg, denn für 1664 wird bereits von ca. 9.000 europäischstämmigen Siedlern (sowie 400 Schwarzen) in Neuniederland ausgegangen, von denen über ein Viertel aus Norddeutschland stammte.[21] Von diesen fast 10.000 Einwohnern der Kolonie lebten etwa 1.500 in der Stadt Neu-Amsterdam selbst.[22] Die Bevölkerung hatte sich also nach der niedrigsten Schätzung in den zweieinhalb Jahrzehnten nach 1640 verzehnfacht.

Grob geschätzt und unter Berücksichtigung aller Unwägbarkeiten einer solchen Berechnung ließe sich für 1630, also vor oder zu Beginn der „Great Migration" aus England, für alle Kolonien (ohne Kanada) etwa folgendes Bild zeichnen: Engländer stellten mindestens 60 % der Kolonisten, Waliser vielleicht 10 %, gemeinsam also gut zwei Drittel bis drei Viertel. Holländer und Deutsche (siehe unten) kamen zusammen auf vielleicht einen Anteil von einem Fünftel bis maximal ein Viertel, das wären ca. 20 %. Wallonen, Skandinavier, Franzosen und alle übrigen bildeten die restlichen 10 %.

Der Nukleus des US-amerikanischen Volkes war damit entstanden. Absolut dominant waren dabei schon ganz am Anfang die Engländer, allerdings nur im Norden und Süden. Nicht-Engländer waren vorwiegend in den damals vergleichsweise bevölkerungsarmen Mittelkolonien zu finden sowie in wesentlich geringerem Maße in Virginia, wo aber in dieser Phase ebenfalls das englische Element klar dominierte.

20 Wellenreuther 2000, S. 419.

21 Wellenreuther 2000, S. 422.

22 Shorto, S. 341.

Nach der zwischen 1630 und 1650 erfolgten großen Einwanderungswelle aus England verschoben sich die Gewichte dann noch mehr zu englischen Gunsten: Bei einer Gesamtbevölkerung von ca. 50.000 lebten in den vier nördlichen Kolonien ca. 22.000 (bzw. 45 %) Engländer. Ähnlich viele waren es auf dem Gebiet der späteren fünf südlichen Kolonien, nämlich ca. 23.000 (ebenfalls 45 %). In den vier mittleren Kolonien dagegen waren nur ca. 5.000 (10 %) englischer Herkunft.[23] Die erste Masseneinwanderung hatte die Relationen klar festgelegt, die sich dann erst mit den Masseneinwanderungen des 18. Jahrhunderts wieder ändern sollten.

Verteilung der Gesamtbevölkerung der Siedler nach Zonen				
	Gesamt	Norden	Mitte	Süden
1630	4.600	1.500	600	2.500
1640	14.500	5.000	1.000	8.500
1650	50.000	22.000	5.000	23.000
1660	67.000	30.000	10.000	27.000
1700	250.000	92.000	52.000	104.000
1750	1.190.000	359.000	296.000	518.000
1800	2.680.000	665.000	822.000	1.290.000

Tab. 1: Siedlungsentwicklung nach Regionen
(Norden/Neuengland: New Hampshire, Massachusetts, Rhode Island, Connecticut)
(Mitte/Neu-Holland und Neu-Schweden: New York, New Jersey, Delaware, Pennsylvania)
(Süden: Maryland, Virginia, North Carolina, South Carolina, Georgia)

Die ethnische Zuordnung der Einwanderer fällt nicht so leicht, wie es auf den ersten Blick scheinen mag. Hinweise auf ihre Herkunft lassen sich zumeist lediglich aus ihren Familiennamen gewinnen, es sei denn, wir kennen zufälligerweise den ursprünglichen Herkunftsort. Schon die Einschiffungshäfen besagen jedoch nicht viel und Geburtsorte sind nur in der Minderzahl der Fälle bekannt, auch wenn mittlerweile die genealogische Forschung ganz erhebliche Fortschritte gemacht hat.

23 Zahlen nach Reinhardt, S. 538.

Für alle Gruppen von Einwanderern galt, dass viele unter ihnen häufig schon bei der Einschiffung oder spätestens bei der Ankunft neue Namen erhielten. Entweder wurden diese nämlich anglisiert – eine Praxis, die über Jahrhunderte Bestand hatte – oder während der holländischen Herrschaft in Neuniederland batavisiert, womit natürlich zugleich die wirkliche Herkunft verschleiert wurde. Dies konnte auf einfache Weise dadurch geschehen, dass der Schreiber bei der Registrierung des Namens notierte, was er zu hören meinte; es konnte aber auch in Form einer sinngemäßen Übersetzung des Namens erfolgen. In vielen Fällen passten die Träger ihre Namen selbst der neuen Landessprache an – der später in New York überaus erfolgreiche *John Jacob Astor* (1763–1848), ein Pfälzer, der seinen (Vor-)Namen *Johann* bereits in London anglisierte, wäre dafür ein prominentes Beispiel.

Letztlich wurde die übergroße Mehrheit aller deutschen Namen früher oder später der ortsüblichen Aussprache oder Orthographie angepasst, so dass die Suche nach deutschen Vorfahren immer wieder Aha-Erlebnisse beschert. Liegen keine genauen Überlieferungen vor, braucht es ein gehöriges Gespür für lautliche und namenkundliche Besonderheiten, um die Herkunft der Namen zu entschlüsseln. Selbst Ortsnamen in der Neuen Welt waren mehrheitlich von dieser Entwicklung betroffen.

In Fällen wie Miller oder Smith – und damit bei der absoluten Mehrzahl der Namen – ist es extrem schwierig zu erkennen, ob sie aus Müller und Schmidt gebildet wurden oder ob ihre Träger schon immer so hießen und wir es mit Einwanderern aus England zu tun haben. Hier ist derNachweis eines Namenswechsels praktisch unmöglich, wenn es kein direktes Zeugnis für den Vorgang gibt. Bei Chrysler (Kreissler), Presley (Pressler), Custer (Küster) oder Eisenhower (Eisenhauer) ist der Wechsel immerhin erkennbar, bei Hoover (Huber) würde man dagegen zunächst wohl eher an einen holländischen Ursprung denken. Dementsprechend haben wir es häufig auch lediglich mit Vermutungen zu tun, etwa wenn für Abraham Lincoln ein Ahne namens Linkhorn in Erwägung gezogen wird.[24]

24 Faust 1912a, S. 167f. und S. 167, Anmerkung 2, wo auf die wiederholte Schreibweise „Linkhorn“ bei Abraham Lincoln senior, dem Großvater des Präsidenten, hingewiesen wird, der in Kentucky lebte. Tolzmann 2000, S. 125, erklärt dies mit dem deutschsprachigen Umfeld in

Bei vielen Namen lässt sich somit überhaupt keine Entscheidung treffen, wenn keine zusätzliche Überlieferung über die Herkunft der Vorfahren vorliegt – bei Samuel Langhorne Clemens zum Beispiel, besser bekannt als Mark Twain (1835–1910). Clemens, dessen Vorfahren zur ältesten Siedlergeneration in Virginia gehörten, ist ein Nachname, der sowohl eine Herkunft aus England wie auch aus Deutschland als denkbar erschienen lässt. Auch Asa Candler (1851–1929), der aus Georgia stammende Mitbegründer von Coca-Cola, trägt einen Namen, der sowohl englischen Ursprungs als auch die anglisierte Form eines deutschen sein könnte.

Ebenfalls angesprochen werden muss das Problem der „*Dutch*" des 17. Jahrhunderts. Eine Unterscheidung zwischen „*Dutch*" und „*German*" ist für jene Zeit anachronistisch und zudem praktisch undurchführbar. Lediglich zwischen „Nieder-Ländern" resp. „Nieder-Deutschen" („Low-Dutch" oder auch nur „Dutch") und „Hoch-Deutschen" („High-Dutch" bzw. „High-Germans", später dann nur „Germans") lässt sich eine gewisse Unterscheidung vornehmen.[25] So trägt die deutsche Kirche in Schoharie den Titel „*Reformed High Dutch Church*".[26] Washington Irving sprach in der Legende von Sleepy Hollow von den „*original Dutch settlers*", in der deutschen Übersetzung den „holländischen Siedlern", und einem „*High German doctor*", im Deutschen einem „deutschen Doktor". Überhaupt kann Irvings literarische Recherche, seine Suche in Europa nach niederländischen und deutschen Quellen gleichermaßen, als weiterer Beleg für die enge Verwobenheit beider Volksgruppen gelten. Sein berühmter „Diedrich Knickerbocker" steht wohl exemplarisch dafür.

Dementsprechend wurden in Pennsylvania ganz selbstverständlich auch hochdeutsch sprechende Personen als „Dutch" bezeichnet. „Low-Dutch" waren dagegen praktisch alle niederdeutsch- oder niederländischsprachigen Einwanderer. Zunächst galten alle gleichermaßen als „Dutch".

Letztlich ist dieser damaligen Praxis wohl auch zu verdanken, dass die erste Gruppe von eingewanderten Deutschen, die ja wie erwähnt fast ausschließlich

Kentucky. Überdies gibt der Gedenkstein für den Großvater am Kentucky Lincoln Heritage Trail als Namen an: Abraham Linkhorn (Lincoln).

25 Vgl. auch Falk, S. 39.

26 Wickliffe, S. 321.

aus Norddeutschland stammte, später beinahe komplett den Holländern zugeschlagen wurde und aus der deutschen Überlieferung verschwand. Es blieb nicht dabei, dass die (hoch-)deutsch sprechenden Einwanderer, die dann im 18. Jahrhundert kamen, sich selbst als „High-Dutch" bezeichneten, während unter „Low Dutch" sowohl *„die ursprünglichen holländischen Ansiedler"*[27] wie auch alle anderen zuvor aus dem niederdeutschen Raum eingewanderten Personen zusammengefasst wurden. Da die schon im Lande Lebenden *„als die älteren und besser gestellten Ansiedler"* auf die Neulinge *„tief herabblickten"*,[28] kam zu den sprachlichen Differenzen auch ein unübersehbarer Standesunterschied. Abkömmlinge der älteren Familien gehörten in der Folge zu den angesehensten im ganzen Land und mit Martin van Buren (dessen Muttersprache noch Niederländisch war) stellten sie 1837 den achten Präsidenten der USA.

So traten denn die Gruppen bald auseinander: Die Hochdeutschen mutierten zu *Germans*, während die anderen sich im Laufe der Zeit als eine eigenständige „holländischstämmige" Gruppe (im nun enger ausgelegten Wortsinn von „dutch") verstanden. Faust zitierte ein Gedicht von Richard Frame von 1692, in dem es heißt: *„The German Town ... Where live High German people and Low Dutch."*[29]

Eine von Albert B. Faust geschilderte Episode mag das Phänomen illustrieren: *„Die lutherischen Gemeinden New-Yorks hatten häufig alte holländische Mitglieder, die Predigten in holländischer Sprache verlangten. Die deutschen Mitglieder waren bald in der Überzahl und bestanden nun auf deutschen Predigten; auf einen Kompromiß wollten sie sich nicht einlassen. Lieber als in der ihnen unverständlichen holländischen Sprache predigen zu hören, erklärten die Deutschen, würden sie zur anglikanischen Kirche übergehen, und diese Drohung führten sie häufig aus ... der einzig mögliche Ausweg war der, sich für das Englische zu entscheiden."*[30] Die „Deutschen", um die es hier ging, sprachen augenscheinlich Hochdeutsch, denn für Niederdeutsche hätte das Verstehen des „Holländischen" (bzw. des „Niederländischen") keine Probleme bereitet und

27 Faust 1912, S. 78.

28 Faust 1912, S. 79.

29 Faust 1912, S. 31.

30 Faust 1912a, S. 374.

unter den *„alten holländischen Mitgliedern“* werden auch etliche Abkömmlinge der ersten niederdeutschen Siedler gewesen sein.

Ein weiteres Beispiel sei angeführt: So würden wir die 13 Krefelder Familien, die 1683 Germantown gründeten, heute allein anhand ihrer Namen zweifellos den Niederländern zuordnen (vgl. z. B. *Op den Gräff, Lensen, Keurlis, Simens, Bleikers*), was auch nicht weiter verwundert, denn der Niederrhein unterschied sich sprachlich keineswegs vom Gelderland und die damals gerade im Entstehen begriffene politische Grenze ist eine vollkommen willkürlich gezogene Linie. Ob jemand aus Arnheim, Nimwegen, Kleve, Wesel oder Aachen stammte, machte da absolut keinen Unterschied. Auch die Tatsache, dass die niederländische Sprache in den vergangenen dreihundert Jahren eine erhebliche Wandlung durchlaufen hat und erst dadurch Eigenständigkeit gegenüber dem Deutschen gewann, beweist, dass man für damals noch nicht von einer eigenen niederländischen Nation sprechen kann. Sprachlich lag der Gegensatz jedenfalls nicht zwischen Holländern, Flamen, Bremern oder Westfalen, ja nicht einmal zwischen diesen und den Friesen, sondern eher zwischen den im Norden lebenden Niederdeutschen und den Hochdeutschen aus dem Südwesten des Reiches.

Immerhin ist jedoch gerade bei den „echten“ Holländern, also denen, die aus den beiden Provinzen Holland und Zeeland stammten, bereits im 17. Jahrhundert durchaus ein Bewusstsein ihrer Eigenheit wahrnehmbar, ein Zugehörigkeitsgefühl, das aber mit zunehmender Entfernung zum Zentrum um Amsterdam, Den Haag oder Delft offenbar rapide abnahm. Zentrumsferne Provinzen wie Groningen, Drenthe oder Geldern gehörten damals ja auch erst kaum fünf Jahrzehnte zu den „Vereinigten Provinzen“. So gab es überhaupt keine Probleme, Statthalter aus dem Nassauischen zu akzeptieren, und ethnisch rechnete man sich in den „Niederen Landen“ noch lange zum *„duytschen Blood“*, wie wir noch heute am Text der niederländischen Hymne ablesen können (*„Wilhelmus van Nassouwe ben ik, van Duitsen bloed“*).

Aber abgesehen von diesen deutschen Wurzeln der Holländer in Europa gab es unter den amerikanischen „Niederländern“ gerade in Neu-Amsterdam einen nicht unerheblichen Anteil von – selbst nach heutigen Maßstäben – „Deutschen“.

Die englische Bezeichnung „Dutch" (abgeleitet von „duytsch" bzw. „deutsch") ließ sich somit zunächst auf alle Einwanderer aus dem deutschen Sprachraum ausdehnen, meinte aber insbesondere jene aus dem niederdeutschen bzw. friesischen Sprachraum, also von Amsterdam bis Danzig und Reval. Gerade der Nordwesten des Reiches umfasste im Übrigen zugleich die Regionen des Reiches, die am geringsten von den Auswirkungen des 30-jährigen Krieges getroffen wurden.

Im Gegensatz zu diesen ersten (nieder-)deutschen Auswanderern nach Nordamerika standen im 18. Jahrhundert diejenigen, die ausschließlich aus dem hochdeutschen Sprachraum kamen und aufgrund ihrer geographischen Herkunft „*Palatines*" (Pfälzer) oder noch später auch „*Germans*" genannt wurden. Sie stammten vor allem aus der Pfalz, vom Mittel- und Oberrhein, aus dem Elsaß und der deutschsprachigen Schweiz (s. u.).

Den näheren Anteil aller Deutschen der ersten Einwanderungswelle zu ermitteln ist nur schätzungsweise möglich, da wir in dieser frühen Zeit keine vollständigen Passagierlisten aller angekommenen Schiffe mit exakten Herkunftsorten der Einwanderer besitzen. So müssen andere Hinweise ausgewertet werden.

Wie hoch in Neuniederland der Anteil der Deutschen im engeren Sinne war, geht bspw. aus dem erhaltenen Eheregister der Holländisch Reformierten Gemeinde in Neu-Amsterdam zwischen 1639 und 1664 hervor. Unter den 623 dort notierten Geburtsorten waren 123 deutsch, mithin etwa ein Fünftel.[31] Dass Holländer die Mehrheit der Gemeindemitglieder stellten, erklärt sich daraus, dass das evangelisch-reformierte Bekenntnis gewissermaßen die holländische Stamm-Konfession war. Bei den Lutheranern dagegen überwogen Deutsche bei weitem, gefolgt von Skandinaviern. Sie können als absolut deutsch dominiert angesehen werden .[32] So wurde 1657 eine Petition der lutherischen Gemeinde von 16 Deutschen, fünf Skandinaviern und drei Holländern unterzeichnet. Diese Relationen dürften als repräsentativ für die lutherische Gemeinde Neu-Amsterdams anzusehen sein.[33]

31 Lohr, S. 11.

32 Lohr, S. 11.

33 Evjen, S. 394.

Von Christian Gellinek werden bis 1660 etwa 120 bekannte Namen deutscher Einwanderer für New York aufgelistet. Dabei steht der einzelne Name im Regelfall nicht nur für eine Person, sondern für eine ganze Familie, so dass aus 120 Namen relativ sicher auf einen Kreis von ca. 350 Personen geschlossen werden kann (einige werden allerdings auch von New York aus weitergezogen sein, dafür aber blieben andere deutsche Einwanderer sicher unbekannt).[34]

Als weiteres Beispiel mag die Anwerbung von Siedlern für Rensselaerswyck durch den Kaufmann und Feudalherrn Kilian von Rensslaer 1639 dienen: Er konnte neben 50 Niederländern auch 32 Engländer, Norweger und Siedler aus deutschen Fürstentümern anwerben.[35]

Insgesamt wird für die niederländische Kolonie von einem deutschen Bevölkerungsanteil von einem Viertel bis zu einem Drittel ausgegangen, mithin gegen 1650 etwa 1.500 Personen.[36]

Auffällig ist, dass sich unter diesen Einwanderern auch ein hoher Prozentsatz von Friesen befand. Auch scheinen, wie oben ausgeführt, die aus dem niederdeutschen Sprachraum stammenden Ankömmlinge sehr schnell mit den Holländern im engeren Sinne verschmolzen zu sein.

Im Jahre 1607 gründeten 105 Männer Jamestown in Virginia, die allererste dauerhafte europäische Ansiedlung auf dem Boden der späteren 13 Kolonien. Schon an dieser Gründung war nachweislich mindestens ein Deutscher beteiligt: der Pfarrerssohn, Arzt und Botaniker *Johannes Fleischer* aus Breslau (1582–1608). Fleischer gilt als erste namentlich bekannte Deutsche in der Neuen Welt. Unter den Gründervätern Jamestowns war er möglicherweise der einzige Nichtengländer. Große Wirksamkeit konnte er in seiner (britischen) Kolonie nicht entfalten. Wie sehr viele Erstsiedler in Jamestown fand Fleischer einen frühen Tod, er starb bereits im folgenden Sommer.[37]

34 Gellinek, S. 41.

35 Wellenreuther 2000, S. 419.

36 Tolzmann 2000, S. 36.

37 Grassl, S. 16–21, und Johann Heinrich Zedler, Großes vollständiges Universal-Lexicon Aller Wissenschaften und Künste, Band 9, Leipzig 1735, Sp. 1211.

Fleischer kann insofern als repräsentativ angesehen werden, als es sich bei den ersten Deutschen in Nordamerika offenbar fast ausnahmslos um gut ausgebildete Fachleute handelte. Auch dass er schon bald nach seiner Ankunft starb, war charakteristisch, denn in den allerersten Jahren lag die Todesrate unter den Neuankömmlingen im virginischen Küstensumpf mit etwa 80 % erschreckend hoch; zum Sumpffieber kamen Hunger, Skorbut und Angriffe der Indianer.

Noch vor Jamestown, im Jahre 1585, erfolgte auf der 150 Meilen weiter südlich gelegenen Insel Roanoke der allererste Versuch einer Koloniegründung. Schon dieses Unternehmen, das nach zwei Anläufen scheiterte und mit dem spurlosen Verschwinden aller Siedler endete, wurde von einigen deutschen Bergbauspezialisten begleitet.[38]

Abb. 2: Erdwall auf Roanoke-Island. Einzige sichtbare Hinterlassenschaft der verschollen Siedler

Den ersten Engländern, die 1607 zusammen mit Johannes Fleischer an der Mündung des James-River eingetroffen waren, folgte Anfang Oktober 1608

38 Lohr, S. 11.

dann auch die erste Gruppe von Deutschen – angeheuert wegen ihrer Fertigkeiten. Insgesamt handelte es sich um gut ein halbes Dutzend Männer, die als Glasmacher, Zimmerleute oder Minenspezialisten aus Deutschland gekommen waren. Ob die damals erwähnten „*Polish*" auch deutschsprachig gewesen waren, lässt sich nicht mehr ermitteln. Die Tatsache, dass die Polen zumeist mit den Deutschen zusammen agierten, zeigt aber, dass sie die deutsche Sprache zumindest etwas beherrscht haben dürften.

Der Winter 1609/10 brachte die neue Kolonie nahe an den Rand des Abgrundes, denn von den 214 Männern (Frauen lebten zu jener Zeit noch keine in der Kolonie) überlebten nur 60 und diese wenigen Überlebenden wollten aufgeben und waren bereits mit dem Aufbruch beschäftigt, als im Sommer 1610 endlich Nachschub eintraf. Aber auch in den Folgejahren hielt die hohe Sterblichkeit an.

Abb. 3: Kirche von Jamestown von 1639, einziger baulicher Überrest der ersten permanenten kolonialen Siedlung und zweitältestes Kirchengebäude in den USA (nach der unweit gelegenen Old Brick Church von 1632)

Abb. 4: James River Seitenarm

Ein Zwist, der sich zum Jahreswechsel 1608/09 in Jamestown ereignete, ging in die Annalen der amerikanischen Geschichte ein und überliefert uns die Vornamen einiger der deutschen Neuankömmlinge in der Neuen Welt:

1608 waren neben zwei nicht namentlich bekannten deutschen Glasmachern (offenbar aus Hessen stammend)[39] die drei deutschen Tischler *Samuel*, *Adam* und *Franz/Francis* (vielleicht aus dem Schwarzwald)[40] sowie die drei polnischen („*polish*") Köhler *Robert*, *Matthew* und *Molasco* eingetroffen.[41] Die drei Tischler und die mit ihnen zusammen arbeitenden Polen wurden in eine Affäre hineingezogen, die durch den etwas eigenwilligen Bericht des damaligen Oberhauptes der Kolonie, John Smith, der Nachwelt überliefert wurde.

Smith plante damals einen heimlichen Überfall auf die benachbarten Indianer. Die drei deutschen Zimmerleute sollten deren Häuptling Powhatan ein nach europäischer Art konstruiertes Haus errichten und dabei den Anschlag vorbereiten. Doch statt den Häuptling zu entführen, genossen sie lieber die Gastfreundschaft der Indianer und kamen nicht zurück. Smith lastete das Scheitern seines Plans den Deutschen an. Er beschuldigte sie der Kollabo-

39 Schuricht, S. 25f.

40 Schuricht, S. 37.

41 Schuricht, S. 24.

ration mit den Indianern und nennt sie in seinen Aufzeichnungen ärgerlich „*damned Dutch*".

Nach heutiger Moral würden sie zwar womöglich als Helden gefeiert werden, aber letztlich scheint es viel eher so gewesen sein, dass die drei Zimmerleute einfach zwischen die Fronten gerieten und es schließlich vorzogen, bei den Indianern zu bleiben, statt in der ständig von Not und Untergang bedrohten Kolonie ums Überleben zu kämpfen.

Dass das keine ganz freiwillige Entscheidung war, belegt der Umstand, dass alle drei später bei Fluchtversuchen von den Indianern getötet wurden.[42] Mit verwickelt in Captain Smiths Pläne wurde auch der Deutsch-Schweizer *William Volday (Wilhelm Waldi)*, der ebenfalls noch 1610 verstarb.[43] Zu romantischen Fabeln Anlass gab eine andere Erinnerung Smiths, nämlich der von ihm selbst verfasste, äußerst berühmt gewordene Bericht über seine Rettung durch die Häuptlingstochter Pocahontas.

Als nach einem guten Jahrzehnt endlich ein Erfolg der Koloniegründung abzusehen war, kamen weitere deutsche Fachkräfte, so z. B. 1620 zwei Minenspezialisten sowie vier Männer aus Hamburg, die für den Bau einer Sägemühle angeheuert worden waren.[44] Letztlich handelte es sich bei diesen Personen zwar um eine aufgrund ihrer Kenntnisse und Fähigkeiten durchaus einflussreiche Gruppe. Quantitativ aber fiel sie gegenüber den englischen Siedlern praktisch nicht ins Gewicht. Ihre Ankunft ist eher mit der wirtschaftlich-technischen Bedeutung der deutschsprachigen Gebiete zu erklären.

Während also im Süden wenige, aber durchaus sichtbare deutsche Einwanderer wirkten, gab es im Norden praktisch überhaupt keine nennenswerte Zuwanderung aus dem außerenglischen Bereich.

42 Grassl, S. 49ff.

43 Grassl, S. 51f. und McCartney, S. 713.

44 Grassl, S. 52f.

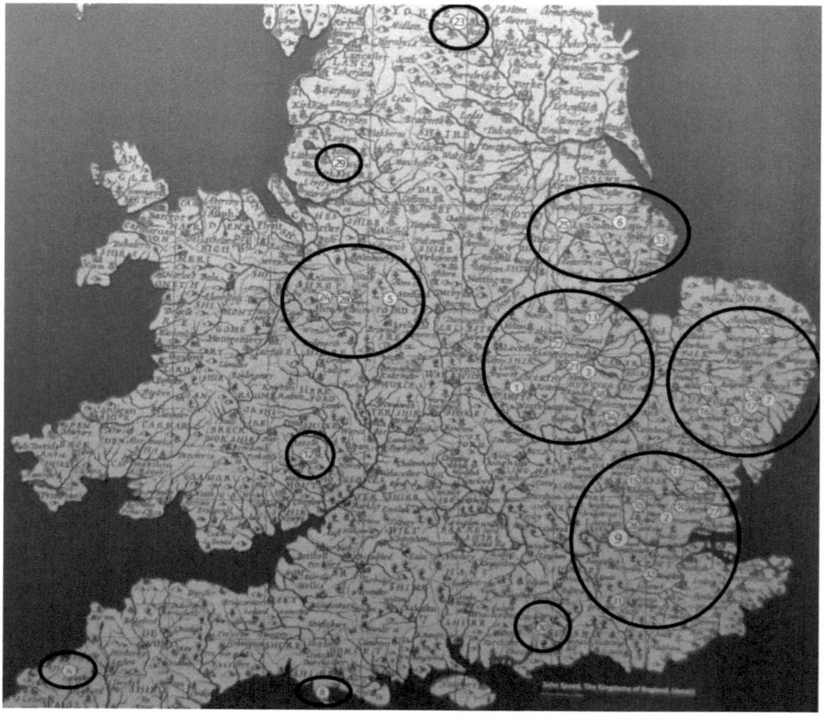

Abb. 5: Karte mit nachweisbaren englischen Herkunftsorten für 44 Ankömmlinge in Jamestown im Jahr 1607

Völlig anders sah dies allerdings in den Mittelkolonien aus, wohin es früh zahlreiche deutsche Einwanderer verschlug. Einer von ihnen war der vom Niederrhein gebürtige *Peter Minuit,* der in alten Urkunden oft Peter Minnewit heißt. Er stammte väterlicherseits aus einer wallonischen Familie, die während der niederländischen Bürgerkriege nach Wesel emigriert war. Sein Vater Jan bzw. Jean hatte dort 1584 das Bürgerrecht erworben und die aus Kleve stammende Apothekertochter Sarah Breil, Peters Mutter, geheiratet. 1613 ehelichte der um 1589 geborene Peter in Wesel die Bürgermeistertochter Gertrud Raet.[45] Später trat Peter Minuit in niederländische Dienste und gehörte schließlich

45 Weslager, S. 14.

1626 zu den Gründern von Neu-Amsterdam. Der Legende nach soll er die Insel Manna-Hata, das heutige Manhattan, den Lenape-Indianern für 60 Gulden abgekauft haben. Nachdem er seine Stellung bei der holländischen Westindien-Kompanie verloren hatte, trat er in schwedische Dienste über und organisierte in dieser Funktion 1638 die Inbesitznahme von Neuschweden. Kurz darauf verliert sich seine Spur in einem Wirbelsturm in der Karibik.[46] Offenbar war Peter Minuit eine zupackende Persönlichkeit, die gleich für zwei Kolonien, nämlich New York und Delaware, Grundlagen schuf.

Neuniederland wurde in der ersten Einwanderungsphase, wie oben bereits ausgeführt, zum fortan wichtigsten Einwanderungsziel Deutscher, speziell aus dem niederdeutschen Raum.

Mit dem zweiten, dem schwedischen Kolonialprojekt Minuits ist zugleich der erste Auswanderungsaufruf in deutscher Sprache verknüpft. Mitten im 30-jährigen Krieg publizierten die gerade in Frankfurt am Main sitzenden Schweden im Jahre 1633 ein Schriftstück unter dem barocken Titel „Argonautica Gustaviana; Das ist: Notwendige Nachricht von der Neuen Seefahrt Kaufhandlung", worin die deutschen Protestanten aufgefordert werden, sich in einer überseeischen General-Handels-Gesellschaft zu engagieren.[47] Letztlich mündete das Projekt in die erwähnte Aktion unter Leitung Peter Minuits.

Abb. 6: Minuit kauft Manhatten

46 Weslager, S. 155f.

47 Cronau, S. 17f.

ARGONAVTICA GVSTAVIANA;
Das iſt:
Nothwendige NachRicht
Von der Newen Seefahrt vnd
Kauffhandlung;
So von dem Weilandt Allerdurchleuchtigſten/Großmäch-
tigſten vnd Siegreicheſten Fürſten vnnd Herrn/ Herrn GVSTAVO
ADOLPHO MAGNO, der Schweden/Gothen vnd Wenden König/Groß-
Fürſten in Finnlandt/Hertzogen zu Eheſten vnd Carelen/Herrn zu Inger-
manlandt/ꝛc. Allerglorwürdigſten Seeligſten Andenckens/
durch aufrichtung einer
General Handel-COMPAGNIE,
Societet oder Geſellſchafft/
In dero Reich vnd Landen/ zu derſelben ſonderbahrem Auff-
nehmen vnd Flor/auß hohem Verſtandt vnd Rath/vor wenig Jahren
zu ſtifften angefangen:
Anietzo aber der Teutſchen Evangeliſchen Nation/ inſonder-
heit den jenigen welche ſich in S. K. M. Freundſchafft/ devotion, oder Ver-
bündnuß begeben/ vnd ſich dieſes groſſen Vortheils/ bey ſo ſtattlicher Gelegenheit/gebrauchen
wollen/ zu vnermeßlichem Nutz vnd Frommen/auß Königlicher Mildigkeit/zuneigung vnd Gnade/
mitgetheilet worden:vnd wie dem förderlichſten/vermittels gnädiger verleihung deß
Allerhöchſten/fortgeſetzet vnd völlig zu Werck gerichtet
werden ſoll.
Darauß denn ein jedweder claren/gründlichen/vnd zu ſeinem Behuff ſatſamen
Bericht vnd Wiſſenſchafft dieſes Hochwichtigen Wercks einnehmen/vnd wie daſſelbe nicht al-
lein an ſich ſelbſt ſondern auch dieſes orths/Chriſtlich/hochrühmlich/Rechtmäſſig vnd hochnützlich/
auch practicierlich vnd ohne groſſe difficulteten ſey/zur gnüge verſtehen kan/
Dabey auch zugleich vernünfftig erachten vnnd ermeſſen mag: Ob jhme vnd den ſeinigen/weß
Standes oder Condition er immer ſeyn möchte/dieſes hiemit jhme angewieſenen vorhabens/zwiſchen dieſem vnd dem/ge-
liebts Gott/nächſtkommenden Newen Jahrs Tage/durch einſchreibung ſeines Namens vnd einer gewiſſen Poſt
Geldes/es ſey ſo viel es wolle/ſich theilhafftig zu machen rathſam vnd thunlich
erfunden werden möchte
Was aber für allerhandt vnterſchiedene Schrifften/dieſe Sache betreffendt/
allhier beyſamen vorhanden,ſolches wird die nächſtfolgende Seite zeigen.
1. *Regum* 9
Vnd Salomo machte Auch Schiffe zu Ezeon Geber/die bey Eloth ligt am Vfer deß Schilff-
Meers im Lande der Edomiter: Vnd Hiram der König zu Tyro ſandte ſeine Knechte im
Schiff/die gute Schiffleute vnd auff dem Meer erfahren waren/mit den Knechten Salomo/
vnd kamen gen Ophir/vnd holeten daſelbſt Vierhundert vnd zwantzig Centner Goldes/vnd
brachtens dem Könige Salomo.
Gedruckt zu Franckfurt am Mayn/bey Caſpar Rödteln/
Im Jahr Chriſti 1633. Menſe Junio.
Mit der Cron Schweden Freyheit.

Abb. 7: Aufruf Argonautica Gustaviana

Das schwedische Kolonialunternehmen brachte tatsächlich etliche Deutsche ins Land. So wurde Deutsch neben Schwedisch und Holländisch zur bevorzugten Korrespondenzsprache in Neu-Schweden.[48] Allerdings musste in neuester

48 Tolzmann 2000, S. 38.

Zeit die ethnische Zuordnung der beiden Gouverneure *Johann Printz* (1592–1663) und *Johan Risingh* (1617–1672), die man früher für Deutsche hielt,[49] korrigiert werden. Offensichtlich waren beide doch aus Schweden gebürtig. Printz hatte in Deutschland sein Studium absolviert und war 1625 unter den nach Deutschland entsandten schwedischen Truppen, er wird also – wie so viele schwedische Adlige und Beamte – die deutsche Sprache beherrscht haben. Ein weiterer Gouverneur, *Peter Hollender Ridder* (1608–1692), war Holländer und hatte im damals schwedischen Finnland gelebt.

Unter den Gouverneuren deutscher Herkunft bleiben neben Peter Minuit noch dessen Verwandter *Hendrick Huygen* und *Heinrich von Elswich (Hendrick von Elswick)* übrig. Huygen stammte wie Minuit aus Wesel,[50] einer früh protestantisch gewordenen Stadt im niederländischen Grenzraum. Auch für den erwähnten *von Elswich* wird eine Herkunft aus Lübeck vermutet.

Den Anfang machte jedenfalls Peter Minuit, der im März 1638 mit zwei Schiffen in der Mündung des Delaware eintraf. In der Gegend des heutigen Wilmington erwarb er von den Indianern Land und Boden und gründete das Fort Christina. Seine mitgeführten Siedler stammten, wie er selbst, zum Teil vom Niederrhein. Von den 19 bekannten Personen der ersten Expedition waren nachweislich fünf holländisch, fünf bis sechs schwedisch (eine davon eventuell finnisch), sechs deutsch (einschließlich Minuit selbst), eine schottisch und ein Mann, ein gewisser William Loury, ließ sich nicht zuordnen.[51] In die Kolonie Neu-Schweden ist möglicherweise auch die erste Gruppe von Deutschen beiderlei Geschlechts eingewandert: So soll Johann Printz angeblich bei seinem Amtsantritt 1643 54 pommersche und westpreußische Familien ins Land gebracht haben; zuvor handelte es sich immer nur um Männergruppen. Quellen zu diesen deutschen Familien lassen im Werk des Marylander

49 Basierend für Printz offenbar auf der Publikation „First German Immigrants to North America", einem 14seitigen Artikel von Louis P. Hennighausen (1840–1918) im Nachlass des Autors im Archiv der Maryland Historical Society (http://www.mdhs.org/findingaid/louis-p-hennighausen-collection-1868-1925-ms-1493, abgerufen 24.4.2020), der ihn als Holsteiner ansprach, und dem noch Tolzmann 2000, S. 37 folgte, vgl. aber Wikipedia-Einträge zu Printz und Risingh vom September 2019.

50 Tolzmann 2000, S. 37, Cronau S. 42 und Weslager.

51 Weslager, S. 114f.

Forschers Louis P. Hennighausen fassen, der in Baltimore um 1900 umfangreiche genealogische Sammlungen betrieb, weniger dagegen in den modernen Quelleneditionen der Originalakten, was aber nicht unbedingt bedeuten muss, dass es sie nicht gegeben hat. Es ist gut denkbar, dass dem Historiker in der zweiten Hälfte des 19. Jahrhunderts noch andere Dokumente vorlagen. Durch Schweden in Pommern angeworbene Siedler wären jedenfalls ein plausibles Szenario.[52]

Da die schwedische Krone insgesamt nur bescheidenen Erfolg bei der Werbung von Siedlern hatte, wurde auch eine größere Anzahl von Finnen und Holländern in die Kolonie verschifft. Zusammen genommen handelte es sich um zwölf „Expeditionen", die zwischen 1637 und 1656 mit jeweils ein bis zwei Schiffen Siedler transportierten.

Alles in allem werden in diesen knapp zwanzig Jahren höchstens tausend Personen nach Neuschweden gelangt sein. Es gab etliche Rückwanderer und zahlreiche Todesfälle, weshalb die weiße Bevölkerung am Delaware nur nach Hunderten zählte. Schon 1656 übernahmen die Holländer auch diese Kolonie.[53]

Unter den im Internetprojekt *„New Sweden, Passenger Lists Index 1637–1655"*[54] ermittelten 79 namentlich fassbaren Personen finden sich vorwiegend solche mit schwedischen Namen; allerdings stammten etliche dieser vermeintlichen Schweden aus Finnland. Auch sind schon auf den ersten Blick mit Hans Urian Georgen aus Brandenburg, Peter Joachim Jochimsen aus Schleswig-Holstein, Otto Ernst Koch *(„Cock")*, Matthias Classen aus Dithmarschen, Jürgen Kühn (Sohn eines gewissen Hans Schneeweiß), Johann von Köln und Hans Hoffmann (Sohn eines Dr. Wilhelm Hoffmann aus Prag) sieben Deutsche zu identifizieren, häufig mit Sonderfunktionen betraut. Dieser Anteil von knapp 10 Prozent dürfte repräsentativ sein, wenn man berücksichtigt, welchen Einfluss Schweden im norddeutschen Raum einerseits und welche Rolle Deutsche im Ostseeraum andererseits spielten.

52 Tolzmann 2000, S. 37 und Schuricht, S. 261 sowie Hennighausen, Bezug nehmend auf die 1642/43 segelnden Schiffe „Fama" und „Storch", letzteres Schiff hieß jedoch tatsächlich „Swanen".

53 Cronau, S. 20ff.

54 https://www.geni.com/projects/New-Sweden-Passenger-Lists-Index–1637–1655-Alphabetical/people/9018, am 1.9.2019.

Insgesamt ist bereits in der frühesten Phase der Kolonisation die typische Dreigliederung der 13 Kolonien deutlich erkennbar: Die vier nördlichen Kolonien New Hampshire, Massachusetts, Rhode Island und Connecticut waren praktisch ausschließlich englisch (bzw. walisisch) geprägt, es sind die klassischen „Pilgerväterkolonien", in denen Engländer ihr „Neuengland" schufen, wie man noch heute gut erkennen kann.

Ein ganz anderes Gepräge zeigten die Mittelkolonien Neu-Holland und Neu-Schweden, aus denen später die vier Staaten New York, New Jersey, Delaware und Pennsylvania hervorgingen. Sie basierten auf den beiden niederländisch-schwedischen Gründungen mit einem nennenswerten deutschen Bevölkerungsanteil.

Die fünf Südkolonien Maryland, Virginia, die beiden Carolinas und später auch Georgia waren in ihrer ersten Phase ebenfalls vorwiegend englisch geprägt, jedoch – wie bereits ausgeführt – mit erwähnenswerten zusätzlichen Bevölkerungsteilen, nicht zuletzt aus dem deutschen Sprachraum. In den weiter westlich gelegenen Regionen, der „Frontier" an den Blue Ridge Mountains, sollte sich das für die Südkolonien typische Bevölkerungsverhältnis dann jedoch später vollkommen umkehren.

Bei dieser Dreiteilung ist zudem zu berücksichtigen, dass die Mittelkolonien in früher Zeit mit Abstand am dünnsten besiedelt waren. Die Mischung der Bevölkerung Neuniederlands und der Neuenglands (sowie Virginias) änderte sich in der zweiten Besiedlungsphase, die etwa von 1640–1670 dauerte, noch weiter zugunsten der englischen Siedler.

Auslöser dieser Phase sollte der Ausbruch des englischen Bürgerkrieges im Jahre 1638 werden, durch den *die erste wirkliche Massenauswanderung nach Nordamerika* ausgelöst wurde. Zuvor war der Hauptstrom der englischen Auswanderung, der zwischen 1620 und 1642 durchaus schon bei 58.000 Personen gelegen hatte,[55] in die Karibik gezogen, wo allerdings die meisten der Neuankömmlinge aufgrund der mörderischen klimatischen Bedingungen zu Grunde gingen.

Nach 1640 erreichte dann die Zahl der Bewohner Neuenglands – die bis dahin noch etwa auf dem Niveau Neuniederlands gelegen hatte – innerhalb

55 Reinhardt, S. 510.

kurzer Zeit das Zehnfache davon.[56] Zwischen 1645 und 1670 langten etwa 45.000 Engländer in Nordamerika an. Sie verteilten sich nun auch auf die mittleren Kolonien und Virginia. Zudem wanderten immer mehr englische Einwanderer aus den nördlichen Kolonien dorthin weiter, weil die tonangebenden Puritaner in Neuengland ihnen keine ausreichenden Freiheiten gewährten.

Der Anstieg auf etwa 50.000 Kolonisten im Jahr 1650 dürfte höchstens zu einem Fünftel durch „Alteingesessene“ erreicht worden sein, die Nachwuchs zeugten, zu vier Fünfteln jedoch durch neue Einwanderer, die noch in Old-England geboren worden waren. Die allerhöchste Zuwachsrate durch Einwanderung in späteren Jahren erreichte 40 %, im Normalfall lag sie eher bei 20 %[57].

Bei der genannten Zahl von 45.000 englischen Zuwanderern für 1645 bis 1670, zumeist Royalisten, kann pro Dekade von etwa 20.000 Zuwanderern ausgegangen werden. Von den für 1670 verzeichneten etwa 112.000 europäischstämmigen Einwohnern wurden sicherlich über die Hälfte noch in Europa und von diesen wiederum die allermeisten in England geboren.

Aus dem Nukleus des amerikanischen Volkes war damit eine grundlegend englisch geprägte Gesellschaft geworden, was sich bis in die Gegenwart an den Nachnamen der US-Amerikaner zeigt (wobei in den letzten Jahrzehnten etliche Hispanic-Nachnamen in die US-Spitze vorgedrungen sind). Bis heute sind die häufigsten englischen zugleich die häufigsten US-amerikanischen Namen:

Smith in beiden Ländern Platz 1,
Williams USA 3 und England 4,
Brown USA 4 und England 5,
Jones USA 5 und England 2,
Taylor USA 13 und England 3 sowie
Thomas USA 14 und England 9.

Auffällig ist die Abweichung bei *Miller:* in den USA auf Platz 6, in England aber gar nur an 53. Stelle! Unter den amerikanischen Millers verstecken sich offenbar etliche übersetzte Müller aus anderen Sprachen.

56 Shorto, S. 189.

57 Grabbe, S. 100ff.

Der wohl prominenteste (Hoch-)Deutsche dieser Epoche in den englischen Kolonien Nordamerikas war *Jakob Leisler* (um 1640–1691). Leisler stammte aus dem hessischen Bockenheim (heute ein Stadtteil von Frankfurt/Main), kam 1660 nach Neu Amsterdam und führte später einen Aufstand im kolonialen New York an, der ein Schlaglicht darauf wirft, dass zu jener Zeit dort vorwiegend Korruption und Misswirtschaft regierten.

Die Gegner Leislers finanzierten nämlich unter anderem Piraten wie den Deutschen Richard Sievers, der, wohl aus dem Raum Hamburg stammend, 1694 in Newport/Rhode Island für eine Kaperfahrt als Navigator anheuerte. Die Finanziers gelangten so auf ausgesprochen dubiose Weise zu Reichtum, Macht und Einfluss. Leisler büßte seine Kritik an diesen Zuständen 1691 sogar mit dem Tode.

Richard Sievers dagegen profitierte wenig später zunächst vom Bündnis des damaligen Gouverneurs Benjamin Fletcher mit den Piraten. Erst das energische Durchgreifen von Richard Coote, dem Grafen von Bellomont, ab 1698 beendete diese merkwürdige Allianz und führte zugleich die Piraten in Gefangenschaft. Folgerichtig wurde Leisler postum unter dem Grafen Bellomont rehabilitiert, während Sievers schließlich 1700 in britischer Haft verstarb.[58]

Der deutsche Anteil an der Gesamtbevölkerung

Trotz aller Schwierigkeiten, statistische Berechnungen auf unzureichender Datenbasis durchzuführen, gelang es in den letzten Jahrzehnten, etliche wichtige Quellengattungen für die demografische Statistik zu erschließen. Schätzungen der Einwandererzahlen konnten deshalb in den letzten Jahren erheblich verfeinert werden.

Vor allem die Forschungen Christian Gellineks zur Frühgeschichte New Yorks, die Untersuchungen von Marianne S. Wokeck zur Einwanderung des 18. Jahrhunderts und die von Hans-Jürgen Grabbe zur Einwanderung zwischen 1783 und 1820, die sich auch mit der Zeit ab 1700 befassen, haben entscheidend zu einer Klärung beigetragen. Ein Hauptergebnis dabei ist sicherlich

58 Cronau, S. 25–40; Bialuschewski, S. 72ff.

die Feststellung, dass hohe Schätzungen der Vergangenheit, sowohl für die Gesamtzahl als auch für den deutschen Anteil der Einwanderung für die Zeit von 1780–1820, zum Teil erheblich nach unten korrigiert werden mussten. Andererseits konnte im Gegensatz dazu aber gerade für die früheste Zeit ein wesentlich höherer deutscher Prozentsatz ermittelt werden.

Berücksichtigt man nun diese Beobachtungen, dann werden auch die von Grabbe[59] zitierten bisher ermittelten Schätzungen etwas aussagekräftiger: Sie vermuteten für 1630–1700 155.000 (Henry A. Gemery) bzw. für 1650–1700 90.000 (David Galenson) zugewanderte Europäer. Da zwischen 1630 und 1650 längst nicht alle der 65.000 aufgebrochenen Menschen in Nordamerika ankamen (der größte Teil ging damals ja in die Karibik), umfasst die erste Schätzung auch die Auswanderer in die Karibik, während die zweite die nach Nordamerika im engeren Sinne beschreibt. Wahrscheinlich sind also bis 1700 etwa 100.000 bis 120.000 Menschen in die 13 Kolonien eingewandert, von denen jedoch fast die Hälfte allein in den 25 Jahren zwischen 1645 und 1670 ankamen.

Gellinek konnte anhand seiner sehr detaillierten Forschungen für die Zeit von 1609–1683 etwa 3.000 Deutsche (ohne Niederländer) sicher ermitteln.[60] Ihnen wäre – aufgrund der oben angestellten Überlegungen – zumindest ein Teil der wahrscheinlich bis zu 10.000 „holländischen" Niederländer zuzurechnen (wobei selbst diese nach damaligem Verständnis ja durchaus auch als Deutsche galten, s. o.).

Für die Zeit von 1683–1710 finden wir bei Grabbe,[61] unter Berufung auf Friedrich Kapp und Faust (allerdings behandeln die beiden angegebenen Belegstellen das Thema gar nicht), die ominöse Zahl von *210* deutschen Zuwanderern. In Anbetracht dessen, dass gerade 1683 eine größere Einwanderung einsetzte, dürfte diese merkwürdige Zahl eindeutig viel zu niedrig gegriffen sein. Statt dessen werden wir für die angegebenen fast vierzig Jahre sicher von mindestens ca. 1.000 weiteren Deutschen ausgehen müssen (was etwa 30 pro Jahr bedeuten würde).

59 Grabbe, S. 24.

60 Gellinek, S. XII.

61 Grabbe, S. 58.

Bei insgesamt 100.000 Einwanderern bleiben so bei ausgesprochen niedriger Berechnung ca. 5.000, bei höherer Schätzung zusammen mit den Niederländern vielleicht bis zu 15.000 Personen deutscher Herkunft. Aufs Ganze gesehen wirkt ein solcher Anteil zwischen 5 und 15 % zwar eher unbedeutend. Bei regionaler Betrachtung jedoch verschieben sich die Relationen, da die Deutschen andere Siedlungsgebiete bevorzugten als die Briten und deshalb diese Bevölkerungsgruppe in den mittleren Kolonien erheblich mehr ins Gewicht fiel. Für die mittleren Kolonien in der ersten Hälfte des 17. Jahrhunderts kann tatsächlich noch von einer sehr starken nicht-britischen Bevölkerung ausgegangen werden. Die große Auswanderung aus England, wesentlich getragen von puritanischen Familien und royalistischen Bürgerkriegsflüchtlingen, änderte das. Nach der Mitte des 17. Jahrhunderts war die amerikanische Bevölkerung auch in den mittleren Kolonien klar britisch bzw. sogar im engeren Sinne englisch geprägt.

Nie wieder sollten die Neuankömmlinge gegenüber der eingesessenen Bevölkerung solch eine Überzahl erlangen, denn niemals erreichten später mehr Einwanderer als Eingesessene das Land, so wie es im Jahrzehnt zwischen 1640 und 1650 offenbar der Fall war. Ab Ende des 17. Jahrhunderts überschritt die Zahl der Einwanderer nicht einmal mehr ein Fünftel der vorhandenen Bevölkerung. In den drei Dekaden mit der höchsten Quote im 18. Jahrhundert sah das Verhältnis folgendermaßen aus:[62]

	Einwohner	Zuwanderer	Anteil Einwanderung am Zuwachs
1710–1720	286.800	52.100	18,16 %
1720–1730	397.300	61.000	15,35 %
1730–1740	538.400	83.200	15,45 %

Tab. 2: Verhältnis Einwanderung - natürliches Wachstum im 18. Jahrhundert

Im 19. Jahrhundert war dieses Verhältnis trotz sprunghaft erhöhter Einwanderung aufgrund einer extrem höheren Bevölkerung sogar noch niedriger.

62 Grabbe, S. 101.

Nicht zuletzt der eben skizzierte demographische Umschwung zugunsten der Engländer führte dann auch zur Beseitigung der holländischen Kolonie. Die Jahre zwischen 1640 und 1660 können somit als die entscheidende Phase in der Genese des amerikanischen Volkes angesehen werden. Man geht sicher kaum fehl, wenn man davon spricht, dass der englische Grundcharakter der USA in diesen beiden Jahrzehnten geprägt wurde.

Die Zahl der Einwanderer hatte nun eine kritische Masse erreicht, bei der weniger die noch lebende allererste Siedlergeneration und deren Nachkommen, sondern vor allem die zahlreichen Neueingewanderten den Kern eines neuen Volkes bildeten. Puritaner, Royalisten oder Freikirchliche – der Grund der Auswanderung schwankte, ihr Ursprungsland war aber fast immer dasselbe: England, teilweise auch Wales. Gründe für eine Auswanderung aus England gab es noch bis weit in die 1670er Jahre hinein mehr als genug.

So waren es letztlich einige zehntausend Engländer, die die Grundlagen dafür legten, dass Amerikaner über lange Zeit in erster Linie englisch*stämmig* waren und auch später noch englisch*sprachig* blieben.

Dem gegenüber verblasst die allererste multi-ethnische Phase der mittleren Kolonien. Sie gab für deren weiteren Weg zwar wichtige Impulse, gehört aber, aufs Ganze gesehen, eher zur Vorgeschichte der USA. So waren die englischen Grundlagen gelegt, als sich die Einwanderung nach Nordamerika zu Beginn des 18. Jahrhunderts dahingehend wandelte, dass Nicht-Engländer *zusammengenommen* schon bald die Mehrheit stellten – bis heute. Allerdings trafen sie nun auf eine relativ festgefügte, englisch geprägte Kultur, der sich die Neuankömmlinge und ihre Nachfahren anpassten. Letztlich ist – etwas vereinfacht formuliert – die starke englische (Grund-)Prägung der amerikanischen Kultur somit vor allem dem englischen Bürgerkrieg und seinen Folgen zu verdanken.

Die „deutsche Mayflower" und der „deutsche Bundesstaat" – Pennsylvania

Im Jahre 1983 gab es Gelegenheit zur Feier eines großen Jubiläums: US-Präsident Ronald Reagan rief den 6. Oktober zum *German-American Day* aus, um den 300. Jahrestag der deutschen Einwanderung in die USA zu würdigen. Hüben wie drüben berichteten die Zeitungen, und die US-amerikanische Post und die Deutsche Bundespost gaben sogar eigens eine binationale Briefmarke anlässlich dieses Ereignisses heraus.

Abb. 8: Briefmarke der Deutschen Bundespost 1983

Abb. 9: Gedenktafel an 300 Jahre deutsche Einwanderung 1983 in Washington

Nun stimmte diese Datierung nicht so ganz, da es ja auch vorher schon etliche Deutsche in die Kolonien gezogen hatte, und dies nicht nur als einzelne, sondern sehr wohl auch in Gruppen.

Gleichwohl kann das Schiff *Concord,* mit dem die aus Krefeld aufgebrochenen Siedler am 6. Oktober 1983 im Hafen von Philadelphia anlangten, tatsächlich als eine Art „deutsche Mayflower" gelten. Der zuweilen erhobene Einwand, dass der größte Teil dieser Siedler gar nicht deutsch, sondern niederländisch gewesen sei, entbehrt dagegen seiner Grundlage, wie oben bereits ausführlich dargelegt wurde.

Bereits am 20. August 1683 war *Franz Daniel Pastorius* (1651–1719/20) in Philadelphia gelandet. Er war gewissermaßen der Quartiermacher der Gruppe. Damals bestand die spätere Metropole allerdings nur aus einigen wenigen Blockhäusern. Im Herbst desselben Jahres folgte Pastorius schließlich eine Anzahl von Mennonitenfamilien aus der Region am Niederrhein.

Abb. 10: Straßenschilder in Germantown

Die Überfahrt auf der „Concord", einem Dreimaster, vom englischen Hafen Gravesend nach Pennsylvanien dauerte genau siebzig (!) Tage. Am 24. Oktober 1683 konnten den Ankömmlingen dann ihre Landlose für einen Platz, der zwei Wegstunden von Philadelphia entfernt lag, zugeteilt werden. Dieser neugegründete Ort bekam den Namen *Germantown* und existiert noch heute als ein Vorort von Philadelphia. Vor allem die Gründung dieses Ortes macht das Besondere des Jahres 1683 aus. Erstmals wurde tatsächlich eine nennenswerte rein deutschsprachige Siedlung gegründet (*New Paltz* im Bundesstaat New York, das bereits seit 1678 bestand, hatten Hugenotten, die zwar über die Pfalz gekommen waren, aber französisch sprachen, gegründet).[63] Germantown befand sich fast im urbanen Mittelpunkt der Kolonien, denn Philadelphia, nur ein Jahr früher gegründet, entwickelte sich schon bald zur größten und bedeutendsten Stadt Nordamerikas und wurde erst zu Beginn des 19. Jahrhunderts von New York überflügelt. 1740 wohnten dort schon 13.000 Menschen, 1790 bereits fast 30.000, was Philadelphia zur größten Stadt Nordamerikas machte.[64]

Die mennonitischen Familien vom Niederrhein bildeten gewissermaßen die Vorhut der im 18. Jahrhundert einsetzenden ersten wirklichen Masseneinwanderung von Deutschen in die spätere USA. Die meisten der fortan eintreffenden Neuankömmlinge stammten aus dem Rheinland und dem südwestlichen Reich, einschließlich des Elsaß und der deutschsprachigen Schweiz, dem südlichen Hessen und dem nordwestlichen Württemberg. Ihren eindeutigen Schwerpunkt aber hatte die Auswanderung in der damaligen Pfalz, wo Zigtausende von Menschen vor den das Land verwüstenden Franzosen flohen. In Amerika nannte man diese Deutschen deshalb schlicht „*Palatines*“, also Pfälzer.

63 Vgl. Griffis, S. 81.

64 Glatfelter, S. 411.

Abb. 11: Hauptsächliche Herkunftsgebiete der „Palatines"

Zu Beginn des 18. Jahrhunderts schwoll das bis dahin schmale Rinnsal der deutschen Einwanderung zum breiten Strom an. Die einerseits durch die Franzosenkriege entwurzelten, andererseits durch verlockende Berichte aus der

Neuen Welt angezogenen Neusiedler zählten jetzt nach Tausenden und strömten über die Niederlande und England in die nordamerikanischen Kolonien.

Eine erste große Gruppe erhielt von der englischen Königin Anne die Erlaubnis zur Ansiedlung in der englischen Kronkolonie New York. Im Oktober 1708 traf sie am Zielort ein und war begeistert vom Hudson River, der sie an den Rhein erinnerte. Die Zuwanderer gründeten eine eigene Siedlung und nannten diese „Neuburg" (heute Newburgh), zogen dann aber aufgrund des wenig ertragreichen Bodens zum großen Teil weiter nach Schoharie und in den Süden Pennsylvanias.[65]

Der Ansturm der Pfälzer, die von England aus in die Neue Welt wollten und zunächst zu Tausenden in London kampierten, hatte die britische Regierung überrascht. Etliche schickte man nach Irland, um dort das protestantische Element zu stärken. Von jenen, die man für Amerika einteilte, erreichten im Folgejahr 1709 über 600 Familien Nord-Carolina, wo unter Leitung der beiden aus Bern stammenden Männer *Franz Louis Michel* und *Christopher von Graffenried* (1661–1743) die Stadt New Bern gegründet wurde, die von 1765–1792 der Regierungssitz von Nord-Carolina war.[66]

Abb. 12: Gedenkttafel in New Bern

65 Tolzmann 2000, S. 59.

66 Tolzmann 2000, S. 60.

Die größte Gruppe der Pfälzer, mit etwa 3.000 Personen, brach 1710 nach New York auf. Allerdings überlebten von ihnen nur etwa zwei Drittel diese Überfahrt.

Aufgrund dessen, dass die neuen Einwanderer vorwiegend Hochdeutsch sprachen, wurden sie in Nordamerika als eine neue ethnische Gruppe wahrgenommen. Zudem hatte sich die erste Welle der niederdeutschen Einwanderer, die ja noch vor der „Great Migration" der Engländer gekommen war, bereits weitgehend assimiliert und auch die Holländer wurden nun, nachdem ihre Republik fast hundert Jahre selbständig war, zunehmend als ein eigenes Volk betrachtet.

So bürgerte sich für die Hochdeutschen zunächst die erwähnte Bezeichnung *„Palatines"* ein und in späteren Jahren schließlich der Name *„Germans"*, während das Wort *„Dutch"* fortan für die Niederländer im engeren Sinne reserviert blieb.

Deutsche in der Neuen Welt kamen aber keineswegs nur aus dem Heiligen Römischen Reich, denn deutschsprachige Schweizer wurden im 18. Jahrhundert, ebenso wie deutschsprachige Untertanen des französischen Königs, regelmäßig zu den Deutschen gerechnet bzw. zählten sich auch selber zu ihnen. Gleiches galt später für deutschsprachige Personen aus dem Osten Europas.

Die einsetzende Masseneinwanderung von Deutschen führte nun erstmals dazu, dass ganze Regionen rein deutsch besiedelt wurden – und die Neusiedler zunächst noch ihre alte Muttersprache bewahrten.

Stark vertreten war auch das irische Element. Etwa in derselben Größenordnung wie die Deutschen, wenn auch in anderen Wellen, verließen katholische Iren ihre Heimatinsel. Eine dritte, etwa gleich große Auswanderergruppe bildeten im 17. Jahrhundert in Nord-Irland heimisch gewordene englischsprachige und protestantische Ulster-Schotten („Scotch-Irish").

An dieser Stelle muss auf ein geographisches Phänomen in der Neuen Welt hingewiesen werden: Die Verschiebung des Grenzlandes, der *Frontier*, in Richtung Westen. Die Einwanderung aus Europa hatte bis 1700 einen Küstenstreifen von der Nordspitze der Outerbanks bis ins nördliche Neu England erfasst, dazu noch als südlichen Stützpunkt das 1670 gegründete Charles Town (Charleston). Weiter ins Hinterland war man dabei lediglich in den nach Norden verlaufenden Tälern von Hudson und Connecticut vorgedrungen. Dahinter begann Indianergebiet.

Die *Great Wagon Road*, auf der Siedler in das Hinterland der Frontier gelangten, begann in Philadelphia und führte über Lancaster und Staunton bis Charlotte und Augusta. Von ihr aus ging es dann weiter auf kleinen Pfaden gen Westen.

Abb. 13: Ehemaliger Sitz des Gouverneurs in Williamsburg, Virginia

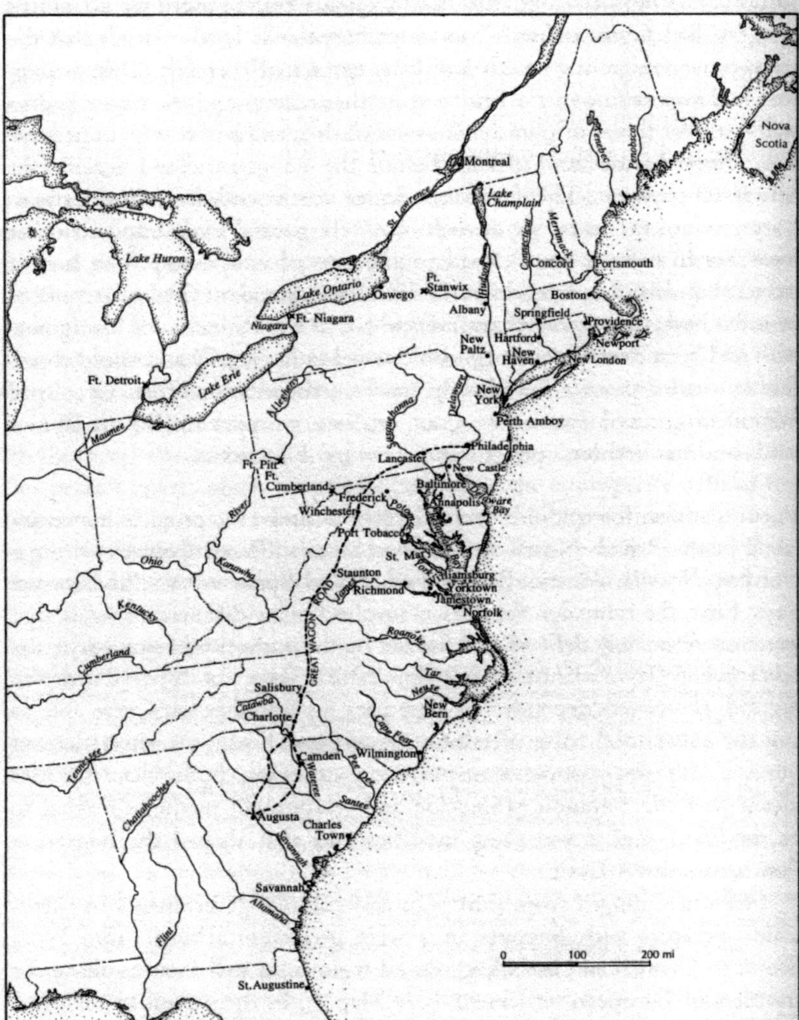

Abb. 14: Die 13 Kolonien im 18. Jahrhundert

Mit der Verlegung des Regierungssitzes von Virginia nach Williamsburg 1699 begann symbolisch der nächste Schritt, der dann bis zum Beginn des *French-*

and-Indian-War, dem amerikanischen Pendant des Siebenjährigen Krieges, im Osten Siedlungslücken schließen und im Westen die Siedlungsgrenze bis an den Fuß der Blue Ridge Mountains vorschieben sollte.

Dabei wurden die neu erschlossenen Regionen zunächst von neu ins Land gekommenen Einwanderern besiedelt. Diese stammten, wie erwähnt, zumeist aus Deutschland, Irland und Nordirland (Ulsterschotten). Die Nachfahren dieser Siedlungspioniere bildeten dann jeweils die Vorhut für die nächste Siedlungsetappe. Dementsprechend wurde z. B. das Shenandoah-Tal vorwiegend von Pennsylvania-Deutschen besiedelt.

Geographische Schwerpunkte deutscher Siedlung wurden so: der Westen des Bundesstaates New York entlang des Mohawk-Tales, der hügelige Südosten und Osten von Pennsylvania mit seinen ergiebigen Böden, das bergige westliche Maryland und die Gebirgsregionen von Virginia, dort hauptsächlich das fruchtbare Tal des Shenandoah-Flusses, an dessen Mündung in den Potomac der Deutsche Robert Harper 1734 die Siedlung Harpers Ferry gründete.[67] Die Ortschaft erlangte 1859 Berühmtheit, als der Abolitionist John Brown mit seinen Männern das dortige Waffenarsenal des US-Heeres überfiel, um Sklaven mit Schusswaffen auszustatten und einen Aufstand anzuzetteln – doch kein Sklave wollte mittun.

In Virginia gab es mit dem 1714 gegründeten Germanna auch einen weiter östlich gelegenen Schwerpunkt, dessen Siedler aber relativ bald ebenfalls weiter gen Westen zogen.

In Nord-Carolina etablierten die Herrnhuter (in Amerika „Moravians" genannt) um den Ort Salem herum eine Siedlungsinsel. Auch in der 1731 neugegründeten Kolonie Georgia und im unmittelbar angrenzenden Süd-Carolina kamen schon 1734 zahlreiche Salzburger Glaubensflüchtige an, Opfer des berüchtigten Emigrationsedikt vom Oktober 1731, das allen Salzburgern, die sich nicht zu katholischen Glauben bekennen wollten, die Ausreise befohlen hatte. Schwerpunkte ihrer Siedlung in Georgia bildeten die Orte Charleston und Ebenezer.

67 Faust 1912, S. 160f.

Der deutsche Anteil an der Gesamteinwanderung war nach 1700 bis zum Beginn des Unabhängigkeitskrieges 1775 durchaus beachtlich. Einen ersten Höhepunkt erreichte die Auswanderung schon zu Beginn des 18. Jahrhunderts. Die Wanderungsbewegung des Jahres 1709 muss aber zugleich als eine große Tragödie angesehen werden, denn der Strom von 13.000 Flüchtlingen aus der verwüsteten Pfalz ergoss sich zunächst in die Niederlande und von dort aus weiter nach England und überforderte, wie erwähnt, die örtlichen Behörden bei weitem. Es gab zahllose Todesfälle und mit 2.600 Personen kam nur ein Bruchteil der Aufgebrochenen tatsächlich in der Neuen Welt an.[68]

Aber damit war das Bett für den Strom geebnet, der sich fortan ergießen sollte und der in den kommenden Jahren immer weiter anschwoll – nun auch ohne größere Verluste. Ihren zweiten – noch höheren – Gipfel erreichte die Einwanderung zur Jahrhundertmitte. Damals bildeten Deutsche mit weitem Vorsprung die größte von allen Einwanderungsgruppen. In den Jahren von 1749–1753 waren es 25.000 und von 1757–1759 30.000 „Pfälzer". Nach 1760 ging dann jedoch die deutsche Einwanderung stark zurück. Marianne Wokeck macht dafür vor allem zwei Faktoren verantwortlich: zum einen zunehmende staatliche Restriktionsbestimmungen, die eine Abwanderung verhindern sollten, und zum anderen die etwa zeitgleich einsetzende Wanderungsbewegung in Richtung Osteuropa.[69]

Die Einwanderergruppen in Zahlen

Aaron Spencer Fogleman rekonstruierte 1996 die Quantitäten der Einwanderer sowie der zwangsweise in die Kolonien verschleppten Schwarzen, wobei es sich für die frühen Jahrzehnte lediglich um Mindestschätzungen handelt. Fogleman versuchte vor allem die einzelnen ethnischen Anteile näher zu bestimmen. Speziell die Aufteilung in Engländer und Waliser bleibt jedoch teilweise aus-

68 Vgl. Frank Reid Diffenderffer „The German Exodus to England in 1709" und Henry Eyster Jacobs „The German Emigration to America 1709–1740", abgedruckt bei Tolzmann 2007.

69 Wokeck, S. 223f.

gesprochen spekulativ. Seine Zahlen beziffern letztlich wohl nur das Minimum der Einwanderungen.

So wären nach Foglemans Aufstellung in den Jahren von 1700 bis 1775 knapp 308.000 Personen aus Europa in die englischen Kolonien gewandert. Mit großer Wahrscheinlichkeit ist das eine allzu geringe Zahl. Sie weicht auch deutlich ab von der Schätzung Galensons, der für die Jahre 1700–1780, also nur für fünf Jahre mehr, auf immerhin 346.100 Personen aus Europa kommt.[70]

Gerade zu den deutschen Einwanderern existiert eine ausgesprochen sorgfältige Einzelbetrachtung, die anhand der in den Einschiffungshäfen eintreffenden Schiffe zu deutlich höheren Zahlen führt. Marianne S. Wokeck ermittelte dabei eine nachweisbare Gesamtzahl von knapp über 111.000 Deutschen, die in diesem Zeitraum nach Nordamerika zogen. Dies liegt um 26.500 Personen über den Zahlen von Fogleman. Auch bei den Iren bietet Wokeck mit 51.676 zwischen 1730 und 1774 eintreffenden Menschen eine deutlich höhere Zahl als Fogleman, wobei etwas unklar bleibt, wie sie zwischen Iren und Ulster-Schotten unterscheidet.

Addiert man die Differenz von 9.176 Personen bei den Iren und die höheren Werte bei den Deutschen, so kommt man auf eine Gesamtzahl von 36.000 und hat damit die Lücke von knapp 39.000 Einwanderern, die zwischen Foglemans Angaben und der realistischeren Zahl von Galenson klafft, so gut wie geschlossen.

Die folgende Tabelle hat als Grundlage die von Fogleman ermittelten Zahlen, die bei den Deutschen jedoch ab 1710 auf Basis der Arbeit von Marianne Wokeck, korrigiert worden sind.

70 Grabbe, S. 101 mit den Zahlen von Galenson. Die Dekadenschätzungen differieren erheblich zu denen von Fogleman, wobei sie bis 1740 bei Galenson erheblich höher, danach erheblich niedriger als bei Folgleman sind.

Einwanderung aus Europa 1700 bis 1775[71]								
Dekade	Deutsch	Ulster-Scotch	Irisch	Scotch	Englisch	Welsh	Andere	Gesamt
1700–09	100?	600?	800?	200?	400??	500??	100??	2.500?
1710–19	2.981	1.200?	1.700?	500?	1.300??	900??	200??	8.800?
1720–29	4.182	2.100?	3.000?	800?	2.200??	1.500??	200??	14.000?
1730–39	16.728	4.400	7.400	2.000?	4.900??	3.200??	800??	39.400?
1740–49	24.074	9.200	9.100	3.100?	7.500??	4.900??	1.100??	59.000?
1750–59	48.081	14.200	8.100	3.700?	8.800??	5.800??	1.200??	89.900?
1760–69	9.341	21.200	8.500	10.000	11.900?	7.800??	1.600??	70.400
1770–75	5.011	13.200	3.900	15.000	7.100	4.600??	700??	49.500
Gesamt	110.500	66.100	42.500	35.300	44.100?	29.000?	5.900?	333.500

Tab. 3: Europäische Einwanderung in die 13 Kolonien ab 1700
Außerdem gelangte fast dieselbe Zahl von Sklaven aus Afrika unfreiwillig in die 13 Kolonien: 1700–1709: 9.000, 1710–1719: 10.800, 1720–1729: 9.900, 1730–1739: 40.500, 1740–1749: 58.500, 1750–1759: 49.600, 1760–1769: 82.300, 1770–1775: 17.800, Gesamt: 278.400.

Es lassen sich im 18. Jahrhundert drei Hauptgruppen von europäischen Einwanderern feststellen: Deutsche mit etwa 110.000 Personen, sodann die Schotten und Ulster-Schotten mit knapp 80.000 sowie als dritte Gruppe die Engländer und Waliser mit deutlich über 70.000 Ankömmlingen. Eine vierte, kleinere Gruppe waren die Iren mit gut 40.000.

Wird auf diese Weise zwischen den Briten unterschieden, sind tatsächlich die Deutschen die größte Einzelgruppe, wobei unter ihnen ab 1760 ein merklicher Rückgang feststellbar ist.

Allerdings bildete die Gruppe derjenigen, die Englisch sprachen oder zumindest mehr oder weniger gut beherrschten, nach wie wie vor die Mehrheit, denn ihr sind nicht nur Engländer und die meisten der Waliser, sondern auch die Mehrzahl der Ulster-Schotten zuzurechnen.

Ziehen wir die Summe: Bis 1700 waren wie erwähnt bereits über 100.000 Personen eingewandert. Im 18. Jahrhundert folgten aus Europa nun also weitere 340.000 bis 350.000 Menschen. Das entspricht auch der zuweilen in Über-

71 Fogleman, S. 223f, Wokeck, S. 45f.

blickswerken[72] genannten Gesamtzahl von 450.000 Einwanderern in die 13 Kolonien bis *„zum Ende des 18. Jahrhunderts"*.[73]

Bis zum Beginn des Unabhängigkeitskrieges im April 1775 waren insgesamt knapp 120.000 Deutsche (bis 1710 ca. 6.000 und von 1710 bis 1775 ca. 111.000, ohne Niederländer) in die 13 Kolonien gekommen. Das entsprach einem guten Viertel der Gesamtzahl an weißen Einwanderern.[74] Die beiden anderen großen Gruppen waren meist englischsprachige Briten (also Engländer, Waliser und Schotten bzw. Ulster-Schotten) sowie Iren. Speziell die Ulster-Schotten und die Schotten machen in der zweiten Jahrhunderthälfte einen bedeutenden Anteil aus, während Engländer nun deutlich in der Minderheit waren.[75]

Gerade unter den Briten dürfte jedoch auch ein höherer Prozent von „Reisenden" – also zwischen Europa und Amerika hin und her pendelnden Menschen – gewesen sein, als es bei den „Ausländern" der Fall war. Dadurch mindert sich die Zahl der Einwanderer in dieser Gruppe letztlich natürlich etwas. So haben deutsche Einwanderer in diesem Zeitraum die größte Gruppe gebildet, wenn man die Schotten von den Engländern separiert. An zweiter Stelle hingegen rangieren sie (und sehr deutlich vor den Iren), wenn alle englischsprachigen Ankömmlinge aus Europa zusammengefasst werden.

Die überwiegende Mehrheit der Deutschen (und übrigens auch der Iren) reiste über die Delaware-Region ein, was ihre Ausnahmestellung in Pennsylvania noch besser erklärt.

Philadelphia und die vorgelagerte Delaware-Bucht entwickelte sich im 18. Jahrhundert zum Hauptausschiffungshafen für Einwanderer aus Europa, denn die Delaware-Region lag geographisch günstiger als das Hudson-Tal bei New York, um ins Innere des Landes vorzudringen. Deutsche kamen dabei in der übergroßen Mehrheit über Rotterdam, erst weit dahinter folgte London, und einige wenige Schiffe gingen auch von Hamburg und Amsterdam ab.

72 Z. B. Schneider-Sliwa, S. 100.

73 Grabbe, S. 25. Reinhard, S. 533, nennt für den Zeitraum 1700–1775 nur 250.000/300.000 Personen, was wohl zu wenig sein dürfte.

74 Zahlen nach den Ausführungen oben ermittelt (Wokeck, Grabbe, S. 58). Bei Reinhard, S. 534 genannt: bis 1775 100.000, bis 1800 129.000.

75 Tabelle oben und Wokeck, S. 173f.

Allerdings machte damals die Einwanderung, wie oben gezeigt wurde, nur noch einen Teil des Bevölkerungswachstums in den Kolonien aus (auch wenn sie den Effekt natürlich verstärkte). Die Gesamtbevölkerung stieg von etwa einer Viertelmillion um 1700 auf 1,2 Millionen um 1750 an. In dieser Zahl sind auch die als Sklaven ins Land deportierten Schwarzen enthalten. Die weiße Bevölkerung belief sich 1750 auf 934.000,[76] 1770 auf 1,7 Millionen und 1776 auf knapp 2 Millionen Menschen.[77]

Die Überfahrt kostete Auswanderer immer wieder das Leben. Zwar geben Berichte auch von glücklicher Überquerung des Ozeans Kunde. Aber hart war es stets. Nach ihrer Einschiffung fanden sich die Passagiere in der Regel im Zwischendeck von Segelschiffen eingepfercht, die nicht für Personentransporte vorgesehen waren. Auf engstem Raum drängten sie sich für sechs bis acht Wochen dort, wo sich eigentlich Waren stapeln sollten. Schmutz, schlechte Luft, verdorbene und stark gepökelte Speisen, fauliges Wasser und die Enge gaben Krankheiten leichtes Spiel. Die Reisenden litten unter Fieber, Erbrechen, Ruhr, Skorbut, Verstopfung, Geschwüren, Mundfäule. Die Sterblichkeit lag im Durchschnitt bei zehn Prozent, Infektionen konnten aber in schlimmen Fällen auch die Hälfte der Passagiere dahinraffen. Leichen versenkte man im Meer.

Wer aber erst einmal in der Neuen Welt an Land gegangen war, fand dort deutlich bessere Bedingungen vor, sein Leben in die eigene Hand zu nehmen, als in der alten Heimat. Zwar wurde gerade das Redemptioner-System, bei dem sich die Neuankömmlinge zu langjährigen Knechtsdiensten verdingten, um die Überfahrt bezahlen zu können, häufig scharf kritisiert. Andererseits bildeten sich aber schon zur Jahrhundertmitte schnell Netzwerke, in denen die bereits im Lande lebenden Deutschen den Neuankömmlingen Hilfe leisteten bzw. sie selber aufnahmen und die schlimmsten Missstände beseitigen konnten.

So stieg denn auch die Geburtenrate der Einwanderer steil an. Auch die Lebenserwartung lag schon im 17. Jahrhundert deutlich über der in Europa.[78] Sie war bereits gegen 1700 fast so hoch wie im 20. Jahrhundert.

76 Grabbe, S. 101.

77 Grabbe, S. 103 und Anmerkung 153.

78 Wellenreuther 2000, S. 592, für das 18. Jahrhundert 2001, S. 390f.

Natürlich konnten die Gründe für den Schritt über den Atlantik sehr vielfältig sein. Zu den „Push-Faktoren", welche die Abreise begünstigten, namentlich wirtschaftliche Not, kamen aber auch noch die „Pull-Faktoren", die die hohe Anziehungskraft der Neuen Welt belegen. Erfolgsmeldungen von Freunden, Bekannten und Verwandten, die den Schritt über den Atlantik gewagt hatten, wurden vermehrt und geschönt durch die Propaganda der sogenannten *Neuländer*, das waren illegal arbeitende Werber, die im Auftrag von Reedern umherzogen, um Menschen dazu zu bringen, sich in Rotterdam oder London nach Amerika einzuschiffen. Dafür kassierten sie Kopfgelder. Schilderungen, welche die Neue Welt als Himmel auf Erden ausmalten, verfingen bei den Hörern umso mehr, wenn sie in beengten Verhältnissen lebten. Eine Eigendynamik entfaltete die Auswanderung zudem durch Kettenwanderungen, womit gemeint ist, dass Auswanderer den Spuren von Verwandten und ehemaligen Nachbarn folgten, die sich schon vor ihnen in der Fremde niedergelassen hatten. Bedeutsam ist dieses Phänomen, weil es erklärt, warum es Migranten immer wieder zu denselben Zielen zog, so etwa die Deutschen bevorzugt nach Pennsylvania.

Eine besondere Rolle unter den Auswanderungsgründen spielten Glaubensfragen. Das Prinzip „cuius regio, eius religio", das im Reich dem Landesherrn die Festlegung der Konfession gestattete, führte dazu, dass sich mancher Gläubige unter seinem Fürsten zu einem Bekenntnis gezwungen sah, das er nicht teilte. Religiöse Verfolgung und das Bedürfnis nach freier Religionsausübung trieben die Minderheiten außer Landes, weshalb uns die unterschiedlichsten christlichen Denominationen unter den Deutschen in der Neuen Welt begegnen. Es gab Freikirchen wie die Mennoniten und andere Täufergruppen, aber auch Quäker. Besonders unter den Täufern gab es nun zahlreiche deutsche Gruppen wie die Amish (mit einem geographischen Schwerpunkt im Lancastercounty in Pennsylvania), die Schwenckfelder (vorwiegend südöstliches Pennsylvania) oder die Tunker (Dunker/Church of Brethren, Ephrata, ebenfalls im Südosten von Pennsylvania). Selbstverständlich kamen auch Reformierte und Lutheraner. Ab Mitte des 18. Jahrhunderts repräsentierten sie, nicht zuletzt aufgrund eines höheren Organisationsgrades, neun Zehntel der Deutschen.[79]

79 Mittelberger, S. 36.

Protestantische Gruppen wie die Herrnhuter, die sich selbst als Lutheraner sahen, in Amerika aber unter der Bezeichnung „*Moravians*", also als mährische Brüder, bekannt waren, schufen sich ein regelrechtes Netzwerk an der Ostküste. Deutsche Katholiken waren im 18. Jahrhundert unter den Einwanderern nur schwach vertreten. Sie lebten vor allem in Pennsylvania, wo der Koloniegründer William Penn Glaubensfreiheit garantierte, und in Maryland. In den strikt anglikanischen Kolonien waren die verhassten „Papisten" unerwünscht.

Der erste Versuch einer Siedlungsgründung der Herrnhuter wurde unter Leitung von *David Nitschmann* (1695–1772) und *August Gottlieb Spangenberg* (1704–1792) in Georgia unternommen. Nitschmann kam damals zusammen mit dem Methodistengründer Charles Wesley 1735/36 nach Georgia und ließ sich mit seinen Leuten in der Hauptstadt Savannah nieder, wo sie eine Gemeindeansiedlung schufen. Das Projekt scheiterte jedoch nach einem Jahrzehnt. Erfolgreicher gestaltete sich die Arbeit in den auf der Rückreise Nitschmanns besuchten Gebieten in Süd-Carolina und vor allem in Pennsylvania.

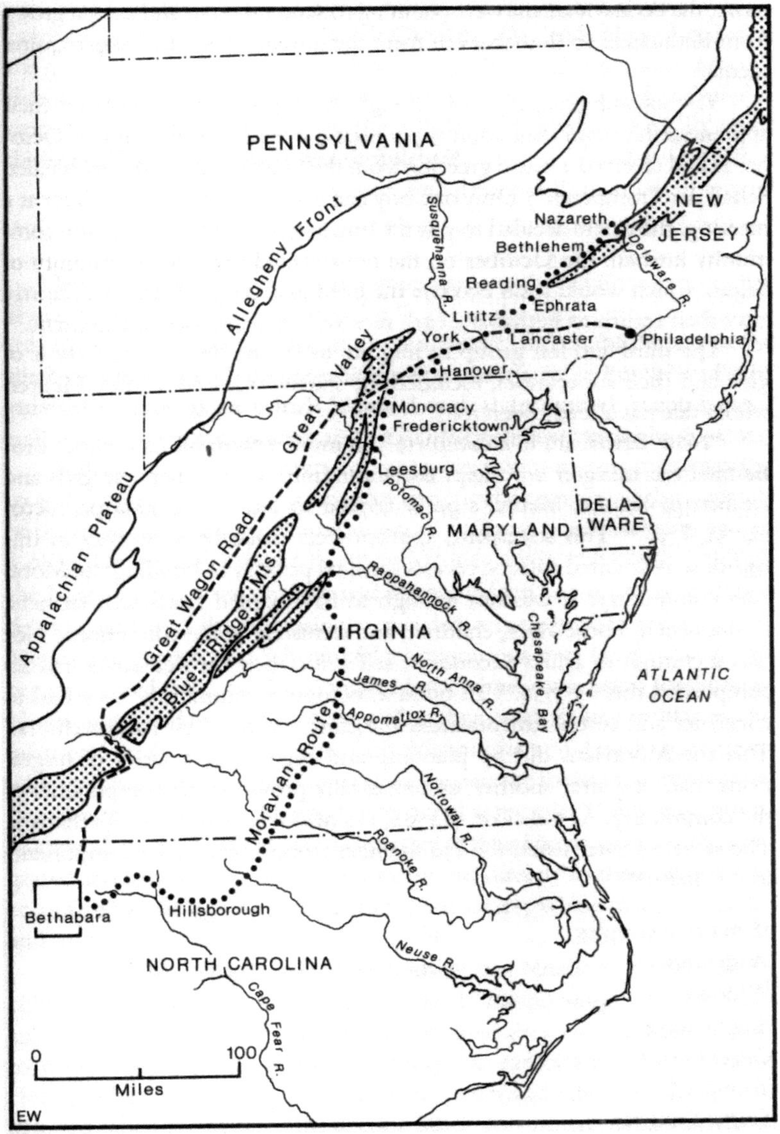

Abb. 15: Schwerpunkte der Herrnhuter-Siedlung

1741 kam der Leiter der Herrnhuter Brüdergemeinde, *Nikolaus Zinzendorf* (1700–1760), höchstpersönlich nach Amerika, um dort eine Indianermission einzuweihen. Damals erfolgte die Gründung von Bethlehem in Pennsylvania, das bald zum unbestritten Zentrum der Herrnhuter in Amerika wurde. 1753 wurde als wichtiger Ableger in Nord-Carolina Bethabara mit seinen Tochtersiedlungen Bethania und Salem (heute Winston-Salem) gegründet.

Der Ort Bethlehem liegt im Tal des Lehigh und verfügte zu Beginn über eine Kirche und ein großes Missionshaus. Bethlehem wurde zur Hauptniederlassung der pennsylvanischen Herrnhuter. Später drangen sie bis über das Gebirge ins Tal des oberen Ohio vor und konnten auch tatsächlich unter den Indianern Missionserfolge verzeichnen. Noch heute stehen in Bethlehem die *Old Chapel* der Herrnhuter aus dem Jahre 1751, das sogar noch zehn Jahre ältere „Gemeine Haus“ und das „Schwesternhaus“ von 1744.[80]

Die Niederlassungen der Herrnhuter gruppierten sich geographisch im Hinterland der Frontier und reihten sich dabei – von Bethabara Nord-Carolina im Süden bis nach Nazareth Pennsylvania im Norden – an der „Moravian Route“ auf.

Abb. 16: Bethlehem Sister House 1744

80 Wickliffe, S. 380.

Abb. 17: Bethabara Gemeinhaus von 1788

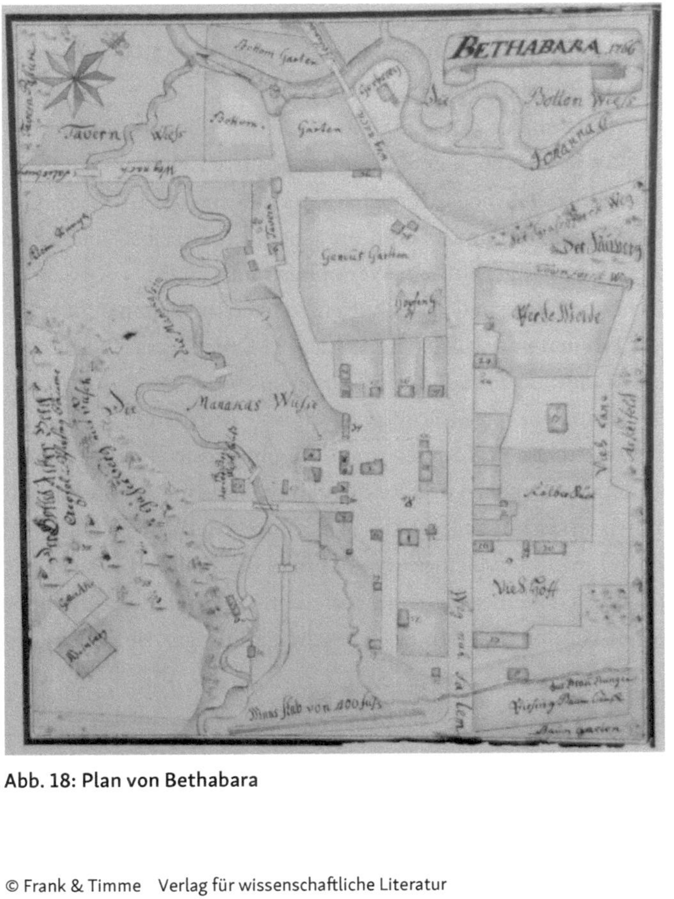

Abb. 18: Plan von Bethabara

In den 1760er Jahren waren drei Herrnhuter Missionare, nämlich *Christian Frederick Post* (1710–1785), *Joh(an)n Heckewelder* (1743–1823) und *David Zeisberger* (1721–1808) die Ersten, die im heutigen Staat Ohio Missionsniederlassungen bei den Tuscarora-Indianern gründeten. Nach 1770 entstanden schließlich die Orte Friedensdorf am großen Biberfluss, Schönbrunn sowie Gnadenhütten und Salem. Bei den letzten Orten handelte es sich um christliche Indianerdörfer. 1776 wurde als ein vierter Missionsplatz Lichtenau gegründet.[81]

Die Herrnhuter bemühten sich um die Anpassung ihrer Botschaft an die Indianerkultur. So verfasste Zeisberger ein *„Buchstabier- und Lesebuch"* in der Sprache der Delaware, das für den Unterricht der indianischen Missionsschüler benutzt wurde. Man praktizierte auch Predigt und Gebet in den Indianersprachen. Die Kirchenlieder wurden teils englisch, teils deutsch gesungen, hauptsächlich aber in der deutsch-pennsylvanischen Mundart. Die getauften Indianer erhielten häufig im Deutschen übliche Namen, wie z. B. Johann, Anton, Konrad, Joseph, Christian, Maria, Rosina, Anna usw.

Heckewelder wurde später Autor etlicher Schriften über das Leben der Indianer. In ihnen findet sich auch eine dezidiert positive Zeichnung der Delawaren, gegenüber einer eher negativen Charakterisierung der Irokesen. Genau diese Wertung hat später James Fenimore Cooper (der selbst über keine Kontakte zu Indianern verfügte) in sein Werk übernommen.[82]

Die pazifistischen Indianer in Gnadenhütten gerieten im Unabhängigkeitskrieg zwischen die Fronten und wurden im März 1782 Opfer eines regelrechten Massakers, als *„28 Männer, 29 Frauen und 39 Kinder in zwei Häusern mit Äxten, Messern und Tomahawks niedergemacht und skalpiert"* wurden.[83]

Während die Freikirchen und Sekten praktisch ohne feste Struktur auskamen, erfolgte bei den Lutheranern und Reformierten bald eine Anbindung an europäische Kirchenverfassungen (wie dies ja auch die Anglikaner praktizierten). Die deutsch-reformierten Gemeinden nahmen deshalb Verbindung zur holländisch-reformierten Gemeinde von Amsterdam auf und die Lutheraner zum Hofprediger in London und den Franckeschen Stiftungen in Halle. 1748

81 Tolzmann, S. 128f.

82 Czaya, S. 176f.

83 Hochgeschwender, S. 338.

gehörten, wie oben erwähnt, 90 % der deutschsprachigen Einwanderer Pennsylvanias zu den Reformierten oder Lutheranern,[84] die auch eng miteinander kooperierten.

Die beiden ältesten deutsch-lutherischen Kirchengebäude in den USA, 1743 und 1740 erbaut, zeugen noch heute von dieser Epoche. Sie befinden sich in Trappe/Pennsylvania und in Hebron/Virginia. Noch älter ist nur die schwedisch-lutherische *Gloria Dei Church* in Philadelphia von 1697, die übrigens auch für deutschen Lutheraner die Hauptkirche war, bevor sie ein eigenes Gebäude erhielten. Als in dieser Kirche 1703 *Justus Falckner* aus Crimmitschau (1672–1723) ordiniert wurde, war dies die erste lutherische Ordination in der Neuen Welt. Auch die Gebäude des „*Saals*" der Kommunität der deutschen Tunkergemeinde in Ephrata, die vom Pfälzer *Johann Conrad Beissel* (1691–1768) gegründet worden war, stammen in Teilen noch aus den 1730er Jahren.

Abb. 19: Ephrata 2019, im Hintergrund links das „Sister House" und rechts „The Saal"

84 Mittelberger, S. 36.

Abb. 20: Betsaal in Ephrata

Abb. 21: Kleidung der Anhänger Beissels

Der Pfarrberuf in der Neuen Welt war allerdings vollkommen anders strukturiert, als man es in Europa gewohnt war, wie die mitleidige Schilderung Gottlieb Mittelbergers, der damals die Neue Welt bereiste, verdeutlicht:

„Alle Prediger in ganz Pennsylvanien haben keine Besoldungen und Zehntfrüchte als nur, was dieselben jährlich von ihren Kirchenleuten bekommen, welches sehr unterschiedlich ist; denn mancher Hausvater gibt nach seinem Vermögen und freien Willen jährlich … bis 6 Gulden, mancher aber sehr wenig … Die Prediger haben auch keine freien Wohnungen oder dergleichen Wohltaten. Doch bekommen sie viele Geschenke von ihren Beichtkindern … Es haben die Herren Prediger in ganz Pennsylvanien keine Macht, jemand zu strafen oder jemand zur Kirche zu nötigen, auch keiner hat dem andern etwas zu befehlen, weil dieselben von keinem Konsistorium unterstützt werden. Man dingt die meisten Prediger jährlich wie die Hirten in Deutschland, und wenn ein solcher nicht nach ihrem Gefallen predigt, so muß einer sich gefallen lassen, wenn man ihm den Dienst wieder aufkündigt. Es ist also deswegen sehr schwer, ein rechtschaffener Prediger zu sein, insbesondere da dieselben von so manchen widrigen und zum Teil verruchten Sekten sehr vieles zu leiden und zu erdulden haben. Die exemplarsten Prediger werden oft, besonders auf dem Land, von Jungen und Alten wie die Juden ins Angesicht verspottet, geduzt und gehöhnt. Ich wollte demnach in Europa lieber die geringsten Hirtendienste versehen, als Prediger in Pennsylvanien sein … Pennsylvania ist der Bauer ihr Himmel, der Handwerksleute ihr Paradies, der Beamten und Prediger ihre Hölle.“[85]

85 Mittelberger, S. 124f., Text leicht modernisiert.

Abb. 22: Hauptsiedlungsgebiete der Deutschen im 18. Jahrhundert

In jener Epoche siedelten Deutsche aus den oben genannten Gründen vornehmlich an der *Frontier*, also in Grenzlage zur Wildnis bzw. den Indianern. Dieser Befund gilt für fast die gesamte Grenze von Maine im Norden bis Georgia im Süden.[86]

Abb. 23: Nachbau der „Cabin" Hans Wagners von 1752 in Bethabara

In diesen Regionen stellten die frisch ins Land gekommenen Deutschen, gemeinsam mit den Iren und Schotten (letztere meist aus der irischen Provinz Ulster), den Hauptanteil der Bevölkerung. Dass gerade diese Volksgruppen die abgelegenen Siedlungsgebiete bevorzugten, erklärt sich vollkommen zwanglos daraus, dass dort die Bodenpreise am niedrigsten und somit für die neuen Einwanderergruppen am erschwinglichsten waren. Für Engländer ergaben sich dagegen offensichtlich bessere Bedingungen in den bereits erschlossenen Gebieten bzw. zogen sie vorwiegend an die nördliche Frontier in Neuengland. Zudem war es oft so, dass die Kinder der Neusiedler die nächste Welle derjenigen bildeten, die weiter nach Westen vordrangen: Pennsylvania-Deutsche nach Virginia – die Kinder der Virginia Deutschen nach Kentucky usw.

Siedlungen mit deutschen Siedlern schoben sich so immer weiter in die Appalachen hinein. Dieses Gebirge besteht aus den parallelen Gebirgszügen

86 Faust 1912, S. 218ff., Tolzmann 2000, S. 124ff.

der Alleghanies und der Blue Ridge Mountains („Blaue Berge“), in deren Mitte das Tal des Shenandoah bzw. das Tal von Virginia verläuft. Diese Bergketten, die auf über 2000 Meter ansteigen, bildeten über Jahrzehnte eine unübersteigbare und fast undurchdringliche Barriere. Der Urwald bestand aus beinahe unendlichen Waldmassen. Vor allem handelte es sich um Laubbäume, riesige Eichen, Ulmen oder Ahorne. Ausgehend von den Häfen an der Küste und den Ufern der ins Land führenden Flüsse nagten sich die Rodungen der Siedler in diesen Wald hinein. Die Blauen Berge zeigen nur selten offene Felsformationen, sondern sind aufgrund des regenreichen Klimas mit dicken, weichen Verwitterungsschichten bedeckt. Noch heute gibt die üppige Vegetation etlicher Nationalparks, vor allem der südlichen Appalachen, einen Eindruck von dieser Geländebeschaffenheit.

Abb. 24: Blick auf die Blue Ridge Mountains (Virginia)

Einer der ersten Pioniere, der die Übersteigung dieser Gebirgsketten wagte, war der Hamburger *John Lederer* (1644–?). Er unternahm in den 1670er Jahren mehrere wissenschaftliche Expeditionen in die Blue Ridge Mountains, deren Berichte er anschließend in Buchform vorlegte. Der Deutsche *Heinrich Batte* soll 1667 als erster Europäer überhaupt die Blue Ridge Mountains überschritten und den Ohio River erreicht haben.[87]

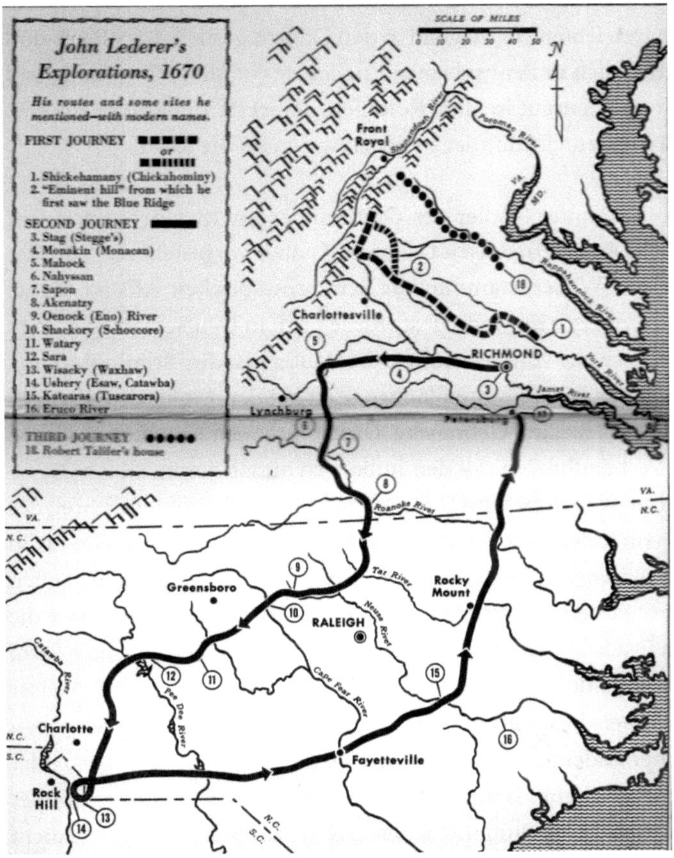

Abb. 25: Reise John Lederers 1670

Insgesamt siedelte man an der Frontier durchaus gemischt, und so waren Heiraten unter den verschiedenen europäischstämmigen Ethnien eher die Regel. Dafür stehen bspw. die vielen Nachkommen aus deutsch-irischen Ehen. Den-

87 Cumming und Schuricht, S. 42.

noch erzeugte die Besiedlung des Grenzlandes einige regionale Schwerpunkte aus verschiedenen Bevölkerungsgruppen. So siedelten Deutsche vorwiegend zwischen New York und Virginia. Schotten hatten einen Schwerpunkt in Nord-Carolina; Iren lebten vorwiegend in den Grenzregionen des Südens und des Nordens, aber auch in Pennsylvania; Engländer vor allem in Neuengland und Georgia sowie verstreut in allen Kolonien. Dabei ist zu berücksichtigen, dass die Grenzregionen viel dünner besiedelt waren als die Küste.

Ein namentlich bekannter Siedler des Grenzlandes im 18. Jahrhundert war *Conrad Weiser* (1696–1760), dessen Lebenslauf näher vorgestellt sei. Sein Vater, Johann Konrad Weiser, stammte aus dem schwäbischen Affstätt (heute Ortsteil von Herrenberg). Konrad selbst wurde noch in Deutschland geboren. Die Einwanderungswelle von 1709 führte die Weisers an den Schoharie-Fluß. Weiser lebte im Alter von 16 Jahren längere Zeit bei den Mohawk-Indianern und lernte deren Sprache und Gebräuche. Die erworbenen Fähigkeiten sollten ihm später bei Verhandlungen mit den Indianern nützlich sein.

Konrad Weiser avancierte zum Dolmetscher und Verhandlungsführer, der vor allem auch von indianischer Seite respektiert und geachtet war. Gerade in den Konflikten zwischen Engländern und Franzosen, bei denen beide Seiten um die Indianer warben, erwarb er Verdienste. Schon 1720 hatte Weiser die Deutsche Anna Eva Feck geheiratet. Seine Familie siedelte sich auf einer Farm in Tulpehocken nahe der heutigen Stadt Reading in Pennsylvania an. Weiser starb 1760 in Womelsdorf, Berks County. Seine Biographie dürfte, verwoben mit denen etlicher anderer „Waldläufer“ wie Daniel Boone (1734–1820) oder dem Pfälzer Johann Adam Hartmann (1748–1836), James Fenimore Cooper als Vorbild für seinen Natty Bumppo in den Lederstrumpferzählungen gedient haben.[88] Hartmann war persönlich bekannt mit Cooper und fand denn auch namentlich in dem Band „Die Ansiedler“ Erwähnung.[89]

Zu solchen Trappern zählte eine ganze Reihe von Pfälzern der ersten und zweiten Generation, die in den Staaten New York, Pennsylvania, Virginia und später Kentucky wirkten. So etwa auch *Johann Peter Sallinger* („Salley“,

88 Merrell, S. 37.

89 Suesser, S. 245–249 und Hartkopf.

1700–1755), *Jakob Cassel* („Castle“, 1717–1789) oder der langjährige Begleiter von Daniel Boone, *Michael Holsteiner* („Stoner“ (1748–1815) sowie *Samuel Beidelmann* (1750–1836).[90]

Ein typischer Sympathisant der Indianer war der Sachse *Christian Gottlieb Prieber* (anglisiert Priber, 1697–1744/1745), von Haus aus Jurist, der in der zweiten Hälfte der 30er Jahre des 18. Jahrhunderts bei den Cherokee lebte, ihre Sprache und Kultur erforschte und sie in ihren Konflikten mit den Weißen unterstützte, was ihm letztlich auch zum Verhängnis werden sollte.

Priber, der in seiner Heimat schon der sächsischen Obrigkeit als radikaler Aufklärer verdächtig geworden war, plante nach seiner Auswanderung offenbar am Alabama-Fluß die Gründung einer utopischen Gesellschaft, deren Kern die „edlen Wilden“ bilden sollten. Aufgrund seiner Positionierung für die Franzosen und gegen die Briten wurde er von britischen Händlern 1743 verhaftet und verstarb in der Haft.[91] Wie die meisten deutschen Einwanderer der ersten beiden Jahrhunderte anglisierten auch die meisten der genannten Waldläufer ihre Namen oder mussten es hinnehmen, dass sie anglisiert wurden. Bemerkenswert ist, dass durch die Umbenennung eben nicht nur ihre Geburtsnamen, sondern praktisch ihre gesamte Herkunft vergessen wurde.

Exemplarisch kann dafür John Fords Spielfilm *„Trommeln am Mohawk“* stehen. Dieser Film ist die Umsetzung eines Buches des pfälzischstämmigen Autors Walter D. Edmonds (1903–1998) aus dem Jahre 1936, das 1938 als „Pfauenfeder und Kokarde“ auch auf deutsch erschien. Die historischen Vorbilder der Geschichte, angefangen bei *Nicholas Herkimer* (s. u.) bis hin zum Hauptprotagonisten der Geschichte *Adam Helmer* (1754–1830), waren sämtlich deutschstämmig. Wurde diese Herkunft schon im Roman sehr zurückhaltend behandelt, so brachte sie der Film praktisch vollkommen zum Verschwinden.

Vor allem durch die Masseneinwanderung der „Hoch-Deutschen“ während des 18. Jahrhunderts entwickelte Pennsylvania sich zu *dem* Zentrum deutscher Siedlung in den 13 Kolonien. Man geht von einem deutschen Anteil von

90 Hartkopf, S. 26–37 und 56–63.

91 Neumann, S. 263–278.

mindestens einem Drittel bis (zeitweilig) knapp über der Hälfte der Gesamtbevölkerung in dieser Kolonie aus. Der Prozentsatz schwankte infolge von Assimilierungsprozessen, Abwanderung Richtung Westen und konstant hoher Einwanderung der Iren auch in der Zeit, als kaum noch Deutsche kamen.

Ganze Landstriche sprachen Mitte des 18. Jahrhunderts deutsch und nicht zufällig ist das „Pennsylvanisch“ heute noch die einzige überlieferte deutsche Sprache in den Vereinigten Staaten. In Philadelphia – lange Zeit ja die größte Stadt der Kolonien – stellten die Deutschen gegen Mitte des 18. Jahrhunderts zusammen mit den Engländern die größte Gruppe: *„In dieser Stadt sind auch schon acht Kirchen, drei englische, drei deutsche, eine schwedische und eine Quäkerkirche.“* In ganz Pennsylvania waren Deutsche zu jenem Zeitpunkt offenbar sogar in der Mehrheit: *„Die größte Anzahl der Einwohner von Pennsylvanien sind die Deutschen.“*[92]

Die deutsche Masseneinwanderung entwickelte ein Modell, das bis in die 1820er Jahre hinein für sämtliche Einwanderungswellen in die Kolonien bzw. die Vereinigten Staaten vorbildlich werden sollte. Es wurde bald von den Iren und dann auch weiteren Einwanderergruppen adaptiert.[93] Um mittellosen Passagieren die Überfahrt bezahlbar zu machen, wurde das oben schon kurz erwähnte Redemptioner-System entwickelt, bei dem die Neuankömmlinge sich für eine begrenzte Zeit in eine Art Schuldknechtschaft begaben. Dies bedeutete, dass sich die Passagiere bei der Einschiffung gegenüber der Reederei oder dem Kapitän verpflichteten, die Kosten der Reise nach ihrer Ankunft in Amerika abzuarbeiten Im Zielhafen angekommen, hatten sie sich Verträgen zu unterwerfen, die vorsahen, ohne Lohn – oft jahrelang – für einen Dienstherrn zu arbeiten. Im Gegenzug bezahlte dieser dem Kapitän das Geld für die Überfahrt. Tückisch waren Haftungsklauseln, etwa die Regel, für die Kosten mitreisender Familienmitglieder ebenfalls einzustehen. Waren die Betreffenden auf See gestorben, hob dies die Schuld keineswegs auf, sondern verlängerte nur die Zeit, für die sich die Auswanderer verdingen mussten. Sobald sie dann aus diesem Dienstverhältnis entlassen waren, zogen die meisten in die Grenzregionen mit günstigen Bodenpreisen weiter. So ergoss sich von Pennsylvania

92 Mittelberger, S. 105.

93 Wokeck , S. 234f.

aus nach und nach ein regelrechter Strom gen Südwesten in das fruchtbare Tal von Virginia, später weiter nach Kentucky bzw. im Norden in das Ohiotal.

Die Zahl der Deutschen war so groß geworden, dass die Befürchtung einer Überfremdung der ansonsten ja englischsprachigen Kolonie aufkam. Schon zu Beginn des 18. Jahrhunderts begann man deshalb damit, von allen über 16-jährigen männlichen (nichtenglischen) Einwanderern einen Eid zu verlangen, mit dem sie der Krone und den Gesetzen der Kolonie Loyalität schworen. Aufgrund solcher Maßnahmen ergab sich aber auch eine recht zuverlässige Überlieferung zur Einwanderung, die für Engländer meist fehlt.

Vor allem der aus Neuengland stammende Benjamin Franklin (1706–1790) tat sich Mitte des Jahrhunderts bei der Kolportage von Vorurteilen stark hervor. 1751 – in diesem Jahr stieg er vom Stadtrat zum Ratsherrn in Philadelphia auf – schrieb Franklin über die „Invasion" der pfälzischen Protestanten:

„Warum sollen wir ertragen, dass Pfälzer Bauerntrampel in unsere Siedlungen einfallen, sich zusammenrotten, ihre Sprache und Sitte einführen und unsere eigene verdrängen? Warum sollte Pennsylvanien, das doch von Engländern gegründet wurde, eine Ausländerkolonie werden? Diese Fremden werden bald so zahlreich sein, dass sie uns germanisieren, anstatt dass wir sie anglisieren."[94]

Allerdings verliefen die Fronten durchaus ungerade und es kam immer wieder zu sehr merkwürdigen Konstellationen und Bündnissen.

Politisch lassen sich mehrere Blöcke ausmachen: Neben einer pro-britischen Fraktion eingesessener englischstämmiger Amerikaner (bzw. derjenigen, die in diesem Bevölkerungsteil aufgegangen waren), gab es die „Quäkerfraktion", deren Hauptmerkmal ein radikaler Pazifismus war – eine Eigenschaft, die während der zahlreichen Kriege gegen Franzosen und Indianer durchaus Sprengkraft besaß. Die Deutschen wurden dabei gerade von Franklin eher als eine Art führungsloses Stimmvieh betrachtet. Für die – nicht zuletzt auch vor den Verwüstungen durch die Franzosen – aus der Alten Welt geflohenen Deutschen war es ein zur Feindseligkeit aufstachelndes Déjà-vu, auch in der Neuen Welt wieder in einem kriegerischen Konflikt mit den Franzosen zu stehen.

Allerdings gab es mit dem aus Ladenburg gebürtigen Drucker *Christoph Sau(e)r* (1695–1757) durchaus auch eine pazifizierende Kraft, die meinungs-

94 Zit. nach Maier, S. 163.

bildend unter den Deutschen wirkte. Seine an die Quäker angelehnte, friedliebende Haltung sowie seine pro-indianische Einstellung wurden allerdings mit Ausbruch des *French-And-Indian-War*, des amerikanischen Begleiters des Siebenjährigen Krieges, in der Öffentlichkeit als problematisch wahrgenommen.

Diejenigen, die die Deutschen möglichst schnell anglisieren wollten, fanden einen Partner in *Heinrich Melchior Mühlenberg* (1711–1787), dem Haupt der Lutheraner. Dieser Mühlenberg war noch aus Einbeck gebürtig und 1742 nach Amerika gekommen. Er war Bauherr der oben erwähnten Kirche in Trappe und ihm ging es vor allem um die Durchsetzung seiner pastoralen Autorität, während Sauer als Freigeist für eine Art Priestertum aller Gläubigen eintrat. Ein Sohn von Heinrich/Henry Melchior war eben jener *Frederick Augustus Muhlenberg* (bzw. Friedrich August), mit dem sich die eingangs skizzierte Mühlenberg-Legende verbindet. Gut möglich, dass in die Geschichte von Fredericks legendärem Abstimmungsverhalten (angeblich über die Amtssprache Pennsylvaniens) die anglophile Haltung seines Vaters eingeflossen ist. Bemerkenswert andererseits, dass Vater Heinrich trotz dieser Anglophilie alle seine drei Söhne nach Deutschland schickte, damit sie in Halle zur Schule gingen und studierten.

Jedenfalls sahen die meisten Deutschen in den 1750er und 1760er Jahren wenig Veranlassung, Englisch zu lernen, zumal man teilweise tatsächlich davon ausging, dass Pennsylvania sich künftig zu einer Art deutscher Kolonie entwickeln würde. Ebenso wurde im New Yorker Mohawk-Tal noch bis zum Unabhängigkeitskrieg überwiegend Deutsch gesprochen.[95]

Materiell ist die Kultur der Pennsylvania-Deutschen bis heute erkennbar. Ihnen soll sich die die Benutzung von Federbetten statt einfach in Laken eingeschlagener Decken verdanken, desgleichen die Verwendung von Roggen- statt Weizenbrot und die Einführung von Öfen statt Kaminen.[96] Das englische Wort für Herd oder Ofen, „*stove*", leitet sich her vom niederdeutschen „Stove", was heizbarer Raum bedeutet und dem hochdeutschen „Stube" entspricht. Mit den Pennsylvania-Deutschen werden bestimmte überlieferte Hausformen in Ver-

95 Vgl. Vorwort bei Edmonds.

96 Falk, S. 36–39.

bindung gebracht, es gibt zahlreiche traditionelle Scheunen, und auch die ältesten Kirchen der Region wurden von ihnen erbaut. Zu den größten gehörten die 1743 erbaute Michaelskirche von Philadelphia und die dort zwischen 1766 und 1769 errichtete Zionskirche, die über viele Jahre das größte kirchliche Gebäude der Stadt war und die man deshalb auch für wichtige profane Veranstaltungen nutzte. So fand in dieser Kirche *„ein Jahr nach seinem Tode die Gedächtnisfeier für Benjamin Franklin statt. Am 26. Dezember 1799 hielt der amerikanische Kongreß in derselben Kirche die Beisetzungsfeier für George Washington ab …"*[97] Das alte Kirchengebäude wurde leider 1870 komplett niedergelegt.

Unter dem historischen Denkmalbestand religiöser Gebäude an der Ostküste der USA findet sich immer noch eine Anzahl Bauten aus kolonialer Zeit. Von den insgesamt 345 Kirchen stehen 79 in Neuengland, 126 im Süden (Virginia, Maryland, Carolinas, Georgia) und 140 in den Mittelstaaten Delaware, New Jersey, New York, Pennsylvania. Bei ihnen handelt es sich zum größten Teil um Gebäude englischstämmiger Gemeinden, zu ihnen zählen neben fünf schwedischen und vier holländischen (im engeren Sinne) aber auch 29 deutsche Kirchen. Diese 29 verteilen sich auf ganz unterschiedliche Konfessionen: Lutheraner, Reformierte, Herrnhuter, Mennoniten, Tunker, Katholiken. Damit zeigten die deutschen Einwanderer die bei weitem größte konfessionelle Vielfalt jener Zeit.

97 Faust 1912, S. 101.

Abb. 26: Kirche von Trappe, Pennsylvania von 1743

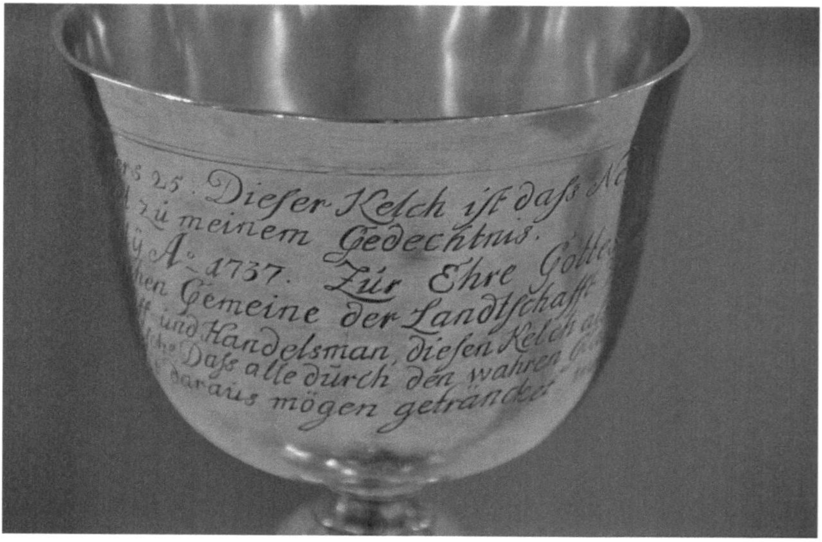

Abb. 27: Kelch der Kirche in Hebron, Virginia von 1737

Allein 20 dieser deutschen Kolonialkirchen befinden sich in den Mittelstaaten (wo auch die schwedischen und holländischen zu finden sind), nur eine einzige (Waldoboro) steht in Neuengland. Ganz im Süden, in Georgia, hat die Jerusalem Church in Ebenezer von 1767/69, die von den 1733 eingewanderten lutherischen Salzburgern errichtet wurde, die Zeiten überdauert. Sie ist das älteste kirchliche Gebäude Georgias überhaupt und ist dort eine von lediglich dreien, die sich aus der Kolonialzeit erhalten haben.[98] Sie besitzt zudem die beiden ältesten Glocken in Georgia – Importstücke aus Deutschland, die 1749 und 1751 gegossen wurden. Wie selten Glocken damals allgemein waren, belegt der Bericht Gottlieb Mittelbergers, der darauf hinweist, dass es in der Stadt Philadelphia damals nur ganze zwei Glocken gab, die für die gesamte Stadt läuteten; auf dem Lande in Pennsylvania existierten überhaupt keine.[99] Auch in Nord-Carolina ist, mit der bereits vorgestellten Kirche von Bethabara, eine von lediglich vier kolonialen Kirchen eine deutsche.[100] Die ersten Orgeln Nordamerikas wurden ebenfalls in deutsch-lutherischen Kirchen aufgestellt.[101]

Die Meinungsführer der Deutschen, in späteren Jahren allen voran Christoph Sauer, zeichneten sich durch eine Ideologie aus, die man heute wohl als „humanitär" bezeichnen würde und die in einer Traditionslinie mit den Ereignissen von Jamestown 1609 gesehen werden kann, als Deutsche sich dem Plan verweigerten, den Häuptling Powhatan zu entführen.

So ist der erste Aufruf gegen die Sklavenhaltung von Schwarzen im Jahre 1688 unter Federführung von Franz Daniel Pastorius (1651–1719), dem Führer der niederrheinischen Mennoniten in Germantown, verfasst worden. Zinzendorfs Herrnhuter und Männer wie Sauer oder Weiser waren als ausgesprochene Freunde der indianischen Ureinwohner bekannt. Auch huldigten einige Gruppen einem radikalen Pazifismus, wie er von den Quäkern vertreten wurde. Spätestens der Krieg gegen die Franzosen, unter dem vor allem Deutsche als Grenzlandbewohner zu leiden hatten, relativierte jedoch wieder einiges

98 Wickliffe, S. 145.

99 Mittelberger, S. 179f.

100 Wickliffe, S. 331f.

101 Mittelberger, S. 170ff.

von diesen Auffassungen, die ohnehin nie von allen deutschen Einwanderern gleichermaßen geteilt wurden.

So war einer der gefürchtetsten Indianerjäger, *Ludwig/Lewis Wetzel* (1763–1808), von Pfälzer Abstammung.[102] Wetzel, der keine Hemmungen kannte und viele Skalpe sammelte, soll fähig gewesen sein, seinen Vorderlader während des Laufens mit Pulver und Blei zu stopfen. Er schoss selten fehl und beherrschte so eine der wichtigsten Waffen im Amerika des 18. und frühen 19. Jahrhunderts: die berühmte Kentucky-, Pennsylvania- oder auch einfach nur Long-Rifle, ebenfalls eine deutsche Erfindung. Diese Büchse der Trapper vom Schlage eines Daniel Boone war ein besonders langläufiges Gewehr, das von deutschen Büchsenmachern in Pennsylvania entwickelt worden war.

Die ersten deutschsprachigen Druckerzeugnisse in den amerikanischen Kolonien waren einige kontroverse mystische und poetische Schriften, die nicht von Deutschen, sondern von Andrew Bradford und Benjamin Franklin in Philadelphia ab 1728 als Auftragsarbeit für religiöse Gemeinschaften gedruckt wurden. Dass ihnen ab 1738 Christoph Sauer senior den Rang ablaufen und bis zum Ende der Kolonialzeit mit seinen Nachfahren den deutschsprachigen Buchdruck dominieren konnte, lag zunächst wohl weniger an Sauers verlegerischem Programm als an der Druckertype, die er wählte. Bradford und Franklin hatten mit Antiqua-Lettern gedruckt, Sauer aber druckte mit einer Fraktur und gab damit den deutschen Lesern ein Schriftbild, wie sie aus der Heimat gewohnt waren. Geschickt passte er die gesamte Typografie seiner Produkte, Titelblätter und Buchschmuck eingeschlossen, den deutschen Üblichkeiten an. Dazu kam ein klug eingefädeltes und beständig ausgebautes Vertriebsnetz. Ab 1739 erschien bei ihm *„Der Hoch-Deutsche Pennsylvanische Geschichtsschreiber“*, eine Zeitung, die auch über die Grenzen Pennsylvanias hinaus Verbreitung fand. Von 1748 an druckte er sie zweimal im Monat; die Auflage betrug drei Jahre später 4.000 Exemplare. Viel Geld verdiente er mit Almanachen wie „Der Hoch-Deutsch Amerikanische Kalender“, der über Jahre reißenden Absatz fand. Sauer druckte 1743 auch, es war sein ehrgeizigstes Projekt, eine komplette deutsche Bibel mit dem Neuen und auch Alten Testament, die erste

102 Hartkopf, S. 72–76.

Vollbibel überhaupt in Nordamerika. Erst vierzig Jahre später sollte in den Kolonien eine eigene englische erscheinen.

BIBLIA,
Das ist:
Die
Heilige Schrift
Altes und Neues
Testaments,
Nach der Deutschen Uebersetzung
D. Martin Luthers,
Mit jedes Capitels kurtzen Summarien, auch
beygefügten vielen und richtigen Parallelen;
Nebst einem Anhang
Des dritten und vierten Buchs Esrä und des
dritten Buchs der Maccabäer.
Germantown:
Gedruckt bey Christoph Saur, 1743.

Titelblatt der ersten in Amerika gedruckten deutschen Bibel.

Abb. 28: Titelblatt der ersten in Amerika gedruckten Bibel

Eher dem geographischen und zeitlichen Zufall geschuldet, aber durchaus aussagekräftig ist, dass die Unabhängigkeitserklärung zuerst in deutscher Sprache veröffentlicht wurde: Am 5. Juli 1776 erfolgt eine erste Ankündigung durch den deutschen Drucker Henry Miller und einen Tag später der Druck der deutschen Fassung durch Melchior Steiner und Carl List, jeweils in Philadelphia.

Ein anderer geschäftlicher Erfolg pennsylvaniendeutscher Handwerker war der *Conestoga-Wagen*, der zum Urbild des Planwagens wurde, mit dem letztlich der gesamte Westen erschlossen werden sollte. Er verdankt seinen

1717 erstmals bezeugten Namen einer Siedlung in der Nähe des gleichnamigen Indianerstammes (heute Lancaster, PA).[103]

Gleich zwei Autokonzerne der USA konnten auf ältere deutsche Wurzeln blicken: Studebaker und Chrysler. So waren die Vorfahren der Studebaker-Gründer die beiden Brüder Peter und Clemens und ihr Cousin Heinrich Stotenbecker, Messerschmiede aus Solingen, die über Rotterdam kommend 1736 in Philadelphia eingetroffen waren.[104] Sie ließen sich in Pennsylvania nieder, wo Peter, Clemens und ihre Söhne als Schmiede und Stellmacher tätig wurden. Da ein Schmied Eisen zu formen versteht, ein Stellmacher Geräte und Bauteile aus Holz herstellt, waren diese Berufe eine ideale Voraussetzung für den Wagenbau. Peters Enkel *John Studebaker* (1799–1877), zog zunächst in die Nähe von Gettysburg. Auch er übte die beim Vater erlernten Handwerke aus. 1835 übersiedelte er dann mit seiner Frau Rebecca, geb. Mohler, nach Ohio und wurde zum Begründer der Dynastie von Wagenbauern, die zunächst als Verbesserer der Planwagen-Technologie und mit Beginn des 20. Jahrhunderts dann als Autohersteller Geschichte schrieb.[105]

Walter Chryslers (1875–1940) Urahn Johann Philipp Kreißler (1672–1744) war bereits 1709 aus Guntersblum in der Pfalz über Zwischenstationen nach Schoharie im Bundesstaat New York gekommen.[106] Seine letzte Ruhe fand Chrysler auf dem Friedhof der niederländischen Gemeinde in Sleepy Hollow, der sich seit dem 19. Jahrhundert zu einer Art Prominentenfriedhof entwickelt hatte und auf dem auch die Gräber von Carl Schurz, William Rockefeller und etlichen Mitgliedern der Familie Astor zu finden sind.

Mit Philadelphia und der Delaware-Region hatte Pennsylvania im 18. Jahrhundert die Stadt Neu-Amsterdam/New York als Zentrum der deutschen Siedlung

103 Vgl. Reist mit Liste der Hersteller, S. 24f.

104 The Studebaker Family Early Story. A Walk Through Time. Abgerufen 1.10.2021 auf www.Studebaker-info.org.

105 Erskine, S. 11 und korrigierend www.wikitree.com und wikipedia „Studebaker“ englische Version, abgerufen 2020.

106 Holl , S. 36f.

abgelöst.[107] Zudem besaß die deutsche Bevölkerung im multiethnischen New York nicht das herausragende Gewicht und ging wesentlich stärker in der neuen amerikanischen Kultur auf.

In Pennsylvania gab es nun über viele Jahrzehnte geschlossene deutsche Siedlungsgebiete und dort konnten die Neuankömmlinge darauf hoffen, ohne große Umstellung heimisch zu werden. Hier mussten sie nicht einmal Englisch lernen – was für die Deutschen aus dem hochdeutschen Sprachgebiet eine deutlich größere Hürde als für ihre niederdeutsch-friesischen Vorgänger darstellte.

Dass die Entwicklung letztlich nicht zum Übergewicht der Deutschen führte, hängt wesentlich damit zusammen, dass die Einwanderung aus Deutschland bereits in den 1760er Jahren stark zurückging und dann, infolge der europäischen Wirren während der Napoleonischen Kriege, bis etwa 1830 fast völlig zum Erliegen kam. Gerade in diesen Jahrzehnten fanden starke Assimilierungsprozesse statt. So ersuchte Peter Mühlenberg (1746–1807), älterer Bruder des oben erwähnten Frederick Mühlenberg, im Jahre 1804 gemeinsam mit anderen Gemeindegliedern die lutherische Gemeinde in Philadelphia, ihre Gottesdienste doch auch in Englisch anzubieten, da *„viele von uns eine Predigt in deutscher Sprache nicht hinlänglich verstehen, um irgendeinen Gewinn aus ihr zu ziehen. Unsere Kinder verstehen sie gar noch weniger.“*[108]

Als dann deutsche Muttersprachler mehr als drei Jahrzehnte später wieder in nennenswerter Zahl ins Land strömten, war die Tradition oftmals bereits abgerissen. Zudem ergoss sich dieser Strom in ganz andere Regionen; er richtete sich in das neu erschlossene Ohiotal und den Mittleren Westen, folgte also der immer weiter fortschreitenden Frontier.

Zur Gruppe der Pennsylvania-Deutschen gehört auch die wohl bekannteste deutschsprachige Minderheit der Gegenwart: die *Amischen* (englisch *amish*), eine mennonitische Splittergruppe, die sich auf Jakob Amman (wohl 1644–1730) zurückführt. Lässt man die im Laufe der Zeit entstanden zahlreichen Untergruppen beiseite und setzt, wie es oft die geschieht, den konservativen Teil (die Amischen „alter Ordnung“) mit den Amischen schlechthin gleich, so kommt man bei deren Zählung heute auf beinahe 350.000 Mitglieder. Diese christliche

---

107 Grabbe, S. 54f.

108 Zit. bei Splitter, S. 98.

Glaubensgemeinschaft schrumpft nicht, sie wächst. Dass die Amischen bis heute besonders fest an überkommen Produktionsweisen und Geschlechterrollen, an Handwerk, an alten Traditionen und damit auch ihrer Sprache festhalten, resultiert aus ihrer festen Verwurzelung im neutestamentarischen Glauben. Als Pilger, die ihre Erdenleben nur als Station auf dem Weg ins Himmelreich betrachten, bleiben sie weltlichen Dingen gegenüber kritisch und eignen sich technische Neuerungen nur zögernd an. Ihre Kultur gilt als gelebte Theologie.

Abb. 29: Buggy der Amish in Witmer, Lancaster County

Insgesamt waren die Deutschen um 1790, also zu Beginn der seit 1776 unabhängigen USA, in Pennsylvania mit 38 % die relativ größte Gruppe der weißen Bevölkerung, gefolgt von Englischstämmigen (25,8 %), von Ulster-Schotten (15,1 %) und Schotten (7,6 %), Iren (7,1 %) und Walisern (3,6 %). Auf die Holländer entfielen nur 1,3 %, auf die Franzosen 0,9 %, auf die Schweden 0,6 %.[109] Grund genug jedenfalls, amtliche Dokumente auch in deutscher Sprache zu publizieren.

Andere wichtige Regionen mit deutscher Siedlung im 18. Jahrhundert lagen in Maryland, dem westlichen Virginia sowie zum Teil auch Nord-Carolina und Georgia. Von den etwa 27.000 weißen Einwohnern in Georgia waren 5.000

109 Fogleman, S. 82.

deutschstämmig, was immerhin etwa einem Fünftel entsprach.[110] Bei ihnen handelte es sich im Wesentlichen um Nachkommen der Salzburger Emigranten, die ab 1733 in Georgia und Süd-Carolina angesiedelt worden waren.[111] Ein bekannter lutherischer Prediger dort war *Johann Martin Boltzius* (1703–1765), dem es u. a. 1774 gelungen war, den im Elsaß tätigen Pfarrer Johann Friedrich Oberlin (1740–1826) für eine Anstellung in Ebenezer zu gewinnen.[112] Das Projekt zerschlug sich dann jedoch mit dem Ausbruch des Unabhängigkeitskrieges. Aus Georgia erfolgte später teilweise der Weiterzug der Lutheraner nach Pennsylvania (Herrnhuter), zudem war der Charakter dieser Südstaatenkolonie zu sehr auf die Sklavenhaltung ausgerichtet, um auf längere Sicht mit den anderen Regionen um Einwanderer konkurrieren zu können.

Die Plantagenwirtschaft ließ Neueinwanderern im ländlichen Bereich kaum Entfaltungsmöglichkeiten und die Sklaverei wurde gerade von den Deutschen besonders verabscheut.

Dennoch gab es auch in den Südstaaten noch bis in das 19. Jahrhundert hinein einen nicht unerheblichen Anteil deutscher Siedler. Als Beispiel mag die älteste Stadt von Süd-Carolina, Charleston, dienen, die bis heute über eine besonders gut erhaltene Altstadt verfügt. Dort gibt es 17 historische Kirchen sowie die zweitälteste Synagoge der USA. Zehn dieser Kirchen können englischstämmigen christlichen Gemeinschaften zugeordnet werden, darunter auch die älteste, die St. Michaels Episcopal Church von 1752/61, zugleich die einzige aus der Kolonialzeit. Zwei Kirchen gehören den schwarzen Methodisten (Emanuel A.M.E.) bzw. Baptisten (Central Baptist Church), eine ist eine irisch-katholische Gründung (St. Mary's Catholic Church), eine schottisch-reformiert (First Scots Presbyterian) und eine hugenottisch (French Huguenot Church), aber immerhin drei sind deutsch-lutherische Gründungen. Den Anfang machte dabei die St. John's Lutheran Church, deren organisatorische Ursprünge bis in die Mitte des 18. Jahrhunderts zurückreichen. 1763 wurde eine erste Kirche erbaut, 1816–18 das gegenwärtig noch bestehende Gebäude. Eine zweite lutherische Gemeinde wurde 1840 gegründet, nach dem An-

110 Faust 1912, S. 232ff.

111 Faust 1912, S. 194f.

112 Chalmel, S. 213.

wachsen einer deutschsprachigen Community. Sie zog später in die 1867–72 erbaute, wesentlich größere St. Matthews Lutheran Church um, während in der 1840 erbauten Vorgängerkirche „St. Johannes Church" eine noch länger an der deutschen Sprache festhaltende Gemeinde verblieb.

Abb. 30: Charleston Matthäuskirche 1867–72

Abb. 31: Charleston Johanneskirche 1840

Da die Deutschen, wie beschrieben, bevorzugt an der Frontier siedelten, wo man zurückgezogen, ohne allzu sehr von staatlichen Vorgaben behelligt zu werden, sein Auskommen fristen konnte, gehörten sie auch zu den Ersten, die die Blauen Berge in Richtung Kentucky und Tennessee oder – weiter im Norden – Richtung Ohiotal überschritten, um neue Siedlungsgebiete zu erschließen. So wurde die erste Kirche westlich der Alleghanies 1782 in Smithfield bei Pittsburg von Deutschen erbaut.[113]

Blickt man zusammenfassend auf die deutsche Siedlung des 18. Jahrhunderts in den 13 Kolonien, so lassen sich schnell einige Besonderheiten feststellen. Nicht nur, dass insgesamt viel mehr Deutsche über den Ozean kamen als mit der ersten Welle im 17. Jahrhundert, sie stellten zeitweilig auch unter allen Nationen die größte Einzelgruppe an Einwanderern. Zudem gründeten sie nun häufig eigene Siedlungen. Während sich ein Teil in großen Städten wie Philadelphia oder New York niederließ und dort in enger Nachbarschaft mit anderen Ethnien lebte, zog der deutlich größere Teil weiter ins Landesinnere, vor allem in den Staat Pennsylvania, und siedelte in relativ geschlossenen deutschsprachigen Gebieten. Dies führte dazu, dass man die deutsche Sprache viel länger bewahrte als die deutschen Auswanderer des 17. Jahrhunderts. Insgesamt wechselten zwar früher oder später fast alle Nachkommen zum Englischen, aber dies war ein Prozess, der durchaus länger dauerte, wie eine bei Faust überlieferte Anekdote veranschaulicht:

Er berichtet von einem englischen Offizier, der sich bei einem deutschen Pfarrer eine Predigt anhört, *„um mal zu hören, wie eine deutsche Predigt lauten möge"*. Ausgesprochen zufrieden kehrt er zurück, denn: *„Nie hätte er geglaubt, daß Deutsch und Englisch so viel Ähnlichkeit miteinander hätten, er habe eine ganze Menge von dem verstanden, was Pfarrer Wack gesagt habe."* Allerdings hatte der Pfarrer an diesem Tag *„auf Englisch gepredigt oder doch wenigstens in einer Sprache, die er für Englisch hielt."*[114]

Nicht zufällig fühlten sich gerade in Pennsylvania sogar im Jahr 2000 noch über 233.000 als „Pennsylvania-Deutsche" und benutzen sogar eine eigene Sprache. Allerdings gibt es das hartnäckige Festhalten an der Tradition auch religiöse Gründe, wie das Beispiel der Amish zeigt.

113 Faust 1912, S. 345f.

114 Faust 1912, S. 133.

Stürmische Zeiten – Amerika wird unabhängig

Im Metropolitan Museum of Art kann man ein berühmtes Historiengemälde mit dem Titel *„Washington überquert den Delaware“* bewundern. In einer dramatischen Szenerie, effektvoll ins Licht gesetzt, ist dort ein Boot zu sehen, das von mehreren Soldaten gegen Eisschollen vorangetrieben wird. Hautfarbe, Gesichtszüge und Tracht der Milizionäre zeigen an, dass sich hier eine Vielvölkerschar unter der Fahne der Union versammelt hat. Wie ein Fels in der Brandung steht George Washington im Boot und blickt stählern dem anderen Ufer und damit dem Feind entgegen. Das Gemälde illustriert ein Kommandounternehmen Washingtons gegen hessische Einheiten der Briten und gehört zu den prominentesten Bildern der amerikanischen Geschichte.

Abb. 32: Emanuel Leutze, Washington überquert den Delaware, New York, Metropolitan Museum of Art

Bei einem Besuch in diesem Museum im Sommer 2019 wurde ich Zeuge, wie ein offenbar indischstämmiger, gerade eingebürgerter Mann dieses Bild stolz seiner Familie erklärte. Es ist Generationen von Schulkindern im Lande vertraut.

Gemalt hat das Bild ein Deutscher. So offenbart die Lichtführung das Bild als ein Werk der sogenannten *Düsseldorfer Schule*. Eine zweite Version dieses Gemäldes verbrannte im letzten Krieg in der Bremer Kunsthalle. Die Vorlage für den Delaware soll der Niederrhein bei Düsseldorf abgegeben haben. Diese Details dürften sowohl dem indischstämmiger Museumsbesuchern wie den Schulkindern weniger vertraut sein. Für Patrioten spricht aus der mythisch überhöhten Szenerie ein durch und durch amerikanischer Geist.

Emanuel Leutze, der Schöpfer des Gemäldes, wurde am 24. März 1816 in Schwäbisch Gmünd geboren. Er kam schon im zarten Alter von neun Jahren mit seinen Eltern in die USA, absolvierte aber seine künstlerische Ausbildung in der alten Heimat, an der Düsseldorfer Kunstakademie. 1851 entstand der Klassiker, der den Unabhängigkeitskrieg verherrlichte, aber Leutze schuf auch noch etliche andere Gemälde, die heute kaum noch aus der amerikanischen Geschichte fortzudenken sind.[115]

Dieses Beispiel verknüpft mittelbar mehrere Sachverhalte. Zunächst steht es für die Tatsache, dass die Malerei in den USA damals maßgeblich von Deutschland aus beeinflusst wurde. Deutsche, deutschstämmige Amerikaner, aber auch Amerikaner anderer Abstammung erhielten über viele Jahrzehnte ihre Ausbildung in Deutschland und hier vor allem in Düsseldorf. Zu diesem Austausch gehört, dass 1849 im Zentrum des New Yorker Galeriebezirks auf dem Broadway unweit der Free Gallery der American Art-Union eine Galerie eröffnete, deren Sammlung Düsseldorfer Gemälde und Zeichnungen rasch als *Düsseldorf Gallery* in aller Munde war.

Das Thema von Leutzes Gemälde kann zugleich verdeutlichen, welchen Anteil Deutsche bei der Abnabelung der USA vom englischen Mutterland hatten – ohne dass dies heute allzu sehr im Bewusstsein der Mehrheit verankert wäre. Denn auch die Hauptperson des Gemäldes, George Washington, ist wesentlich mehr mit der deutsch-amerikanischen Geschichte verknüpft, als es

115 Zu Leutze Vice Versa, S. 38f, zum Bild ebd., S. 308ff.

gemeinhin bekannt ist. So bestand seine Leibwache aus Deutschen aus seinem Heimatstaat Virginia und er selbst verfügte über deutsche Sprachkenntnisse, wie ein bei Löher überlieferter Brief belegt.[116] Möglicherweise hängt dies mit seiner deutschen Herkunft mütterlicherseits zusammen.[117] Washington plante auch in Deutschland Siedler anzuwerben, um das Südufer des Ohio zu besiedeln. Der Plan zerschlug sich jedoch durch den Ausbruch des Krieges 1775.[118]

Überhaupt besaßen gerade die frühen US-amerikanischen Präsidenten gute bis sehr gute deutsche Sprachkenntnisse, teilweise resultierend aus Aufenthalten in Deutschland; neben Washington trifft dies auf Thomas Jefferson, John Adams und vor allem John Quincy Adams zu.

Die wichtigste deutsch-amerikanische Person in dieser Phase ist sicherlich der Baron *Friedrich Wilhelm von Steuben* (1730–1794) – noch heute Identifikationsfigur der Deutschamerikaner. Er wurde als Sohn eines preußischen Ingenieurhauptmanns am 17. November 1730 in Magdeburg geboren. 1747 trat Steuben in die Armee ein und brachte es in preußischen Diensten bis zum Hauptmann. 1777 ging er nach Nord-Amerika, um den aufständischen Kolonien seine Dienste gegen England anzubieten. Veranlassung dazu gab ein Zusammentreffen mit Benjamin Franklin in Paris, der nach Europa geschickt worden war, um militärisches Personal anzuwerben. Franklin empfahl seiner Regierung, den deutschen Baron und Offizier mit der Feldausbildung der amerikanischen Milizen zu beauftragen. Seine „preußischen Tugenden“ veranlassten Steuben dazu, das zunächst eher chaotische amerikanische Heer straffer zu organisieren. Als Ausbilder und Stratege wurde er neben Washington zur wichtigsten Person für die junge amerikanische Armee.

Eine weitere legendäre Gestalt des Unabhängigkeitskrieges konnte auf deutsche Wurzeln zurückblicken: „*Molly Pitcher*“, bekannt geworden durch ihre heldenhafte Haltung in der Schlacht von Monmouth, am 28. Juni 1778, wo sie die amerikanischen Soldaten mit Wasser versorgte. Als ihr Mann, ein Artillerist, nicht mehr kämpfen konnte, sprang sie für ihn ein. Geboren wurde

116 Garde: Faust 1912, S. 247; Sprachkenntnisse und Brief: Löher, S. 151, und Tolzmann 2000, S. 101f.

117 http://en.wikipedia.org/wiki/German_American, abgerufen 11.01.14.

118 Tolzmann 2000, S. 124f.

sie als Mary Ludwig (1744–1832) und war die Tochter von pfälzischen Auswanderern. Allerdings ziehen Historiker mittlerweile die historische Wahrheit der Legende in Frage.

So, wie zahlreiche deutschstämmige Offiziere und Mannschaften im amerikanischen Heer ihren Dienst taten, standen auf der gegnerischen Seite Tausende Deutsche, die als vermietete Söldner in der britischen Armee zum Einsatz kamen. Landgraf Friedrich II. von Hessen-Kassel betrieb auf diese Weise mit seinem Schwager, König Georg III. von Großbritannien, einen regen, damals üblichen Soldatenhandel. Die meisten Söldner stammten aus Hessen, weshalb sich für sie auch der Name *Hessians* einbürgerte. Kurhessen lieferte insgesamt 16.992 Mann, das hessische Hanau 2.422, aber auch Braunschweig stellte 5.723, Ansbach-Bayreuth 2.353, Waldeck 1.225 sowie Anhalt-Zerbst 1.152.

Von diesen ca. 30.000 Soldaten kehrte später nur etwa die Hälfte zurück, ca. 7.500 verstarben und mindestens 5.000 (nach anderen Schätzungen 6.200) desertierten bzw. entschlossen sich nach ihrer Gefangenschaft, in Amerika zu bleiben.[119] Sie bildeten zugleich das einzige nennenswerte deutsche Einwanderungskontingent während des Unabhängigkeitskrieges, wie überhaupt die Einwanderung in diesen Jahren fast völlig zum Erliegen kam.

Besonders die Jägereinheiten, eine „Erfindung" aus Hessen-Kassel, eigneten sich mit ihrer selbständigen Kampfführung gut für den Guerillakrieg gegen amerikanische Milizen. Dabei gilt eine bemerkenswerte Feststellung: *„Interessanterweise ließen sich die Jäger, obwohl sie direkt in den Partisanenkrieg involviert waren und häufig auf eigene Faust kämpften, am seltensten zu Übergriffen und Vergewaltigungen hinreißen."*[120] Ebenso fällt auf, dass gerade die hessischen Kontingente eine gewisse Anzahl befreiter schwarzer Sklaven („Mohren") mit in die Heimat führten.[121]

Die *„Hessians"* wurden im Unabhängigkeitskrieg das bevorzugte Ziel einer Art psychologischer Kriegsführung, denn man versuchte sie mit viel propagandistischem Aufwand zum Seitenwechsel zu animieren. So ist folgendes Beispiel überliefert: Ein Bäcker namens Ludwig schlich sich als angeblicher Überläufer

119 Grabbe, S. 59 mit Fußnote 23.

120 Hochgeschwender, S. 219.

121 Hochgeschwender, S. 219.

in das Lager der Hessen auf Staaten Island und schilderte ihnen das Leben in Pennsylvania so eindringlich, dass daraufhin mehrere Hundert desertierten. Anschließend schrieb er an den Kongress in Philadelphia: *„Zeigt ihnen unsere schönen deutschen Kirchen, laßt sie unsern Rindsbraten kosten und unsern Hausrat sehen, dann schickt sie wieder fort zu den Ihrigen, und ihr sollt sehen, wieviele uns zulaufen werden!"*[122]

Im April 1778 erließ der Kongress tatsächlich eine Proklamation, die jedem Soldaten, der zu den Amerikanern wechselte, 50 Acres Land versprach, jedem Hauptmann, der 40 Mann mit sich brächte, 800 Acres, vier Ochsen, einen Bullen, zwei Kühe und vier Schweine.

Letztlich blieb der Erfolg dieser Maßnahmen – an der Gesamtzahl gemessen – doch sehr begrenzt und ihre Angebote wurden vorwiegend von in Gefangenschaft geratenen Soldaten genutzt. Dabei darf nicht vergessen werden, dass die Hürde für eine Desertion ausgesprochen hoch lag. Desertieren galt als Kapitalverbrechen, mit entsprechenden drakonischen Bestrafungen. Bei den meisten Hessians handelte es sich um Landeskinder; ihre Verwandten daheim waren für Deserteure haftbar. Nicht wenige hofften auf eine glückliche Heimkehr, die ihnen im Fall des Seitenwechsels unmöglich geworden wäre. Vor allem aber fühlten sie sich lange Zeit als sichere Sieger, die ihre Verluste weit mehr durch Klima und Krankheit erlitten als durch den Gegner. So gesehen können die mindestens 5.000 zu den Amerikanern übergelaufenen oder nach Friedensschluss im Land verbliebenen Deutschen tatsächlich als große Zahl gelten.

Deutsche Militärs im Unabhängigkeitskrieg hielten auch Einzug in die Überlieferung. So spielt Brigadegeneral *Nicholas Herkimer* (um 1728–1777), Sohn pfälzischer Eltern und Namensgeber des „Herkimer-Countys", im bereits erwähnten Western-Klassiker „Trommeln am Mohawk" eine tragende Rolle; ein hessischer Söldner ist ein Hauptprotagonist in Washington Irvings Erzählung „Sleepy Hollow". Einem braunschweigischen General der Zeit des Unabhängigkeitskriegs, *Friedrich Adolf Riedesel* (1738–1800), der auf britischer Seite kämpfte und 1777 in Gefangenschaft geriet, soll es auch zu verdanken sein, dass der erste Weihnachtsbaum in der Neuen Welt aufgestellt wurde.

122 Cronau, S. 215.

Beim Schlussakt des Unabhängigkeitskrieges, der Belagerung und Kapitulation von Yorktown 1781, standen schließlich auf beiden Seiten so viele Deutsche unter den Waffen, dass man die Kämpfe um Yorktown auch *„die deutsche Schlacht"* nannte: Im amerikanischen Heer gab es die 1. Brigade, befehligt von John Peter Gabriel Muhlenberg (1746–1807) und die 3. Division des Barons von Steuben. Dazu kamen im französischen Kontingent, das die Amerikaner unterstützte, das Regiment aus Zweibrücken (Deux Ponts), das schon im Siebenjährigen Krieg gegen die Engländer und deren hessische Söldner gekämpft hatte, und die Fremdenlegionäre des Herzogs von Lauzun.[123] Auf britischer Seite standen Einheiten aus Ansbach-Bayreuth und Hessen-Kassel.

Die zwei Fronten, auf die sich Deutsche im amerikanischen Unabhängigkeitskrieg verteilten, spiegelten sich auch im Publikationswesen wider. Nach dem Tod Christoph Sauers 1758 hatte sein gleichnamiger Sohn als Druckerverleger (ein Drucker war damals immer auch Verleger, es gab noch keine Trennung der Metiers) das Geschäft zunächst erfolgreich fortgeführt und der Sauerschen Presse eine Papiermühle angegliedert. Er hatte sogar angefangen, wahrscheinlich mit aus Deutschland gelieferten Matrizen, seine eigenen Lettern zu gießen – es waren die ersten in Amerika hergestellten Drucktypen.[124] Erst mit Henrich Miller, einem vielgereisten Buchdruckergesellen, geboren 1702 als Johann Heinrich Müller in der nordhessischen Grafschaft Waldeck, mit Zinzendorf 1741 ausgewandert, bekam Sauers Firma ernsthafte Konkurrenz. Miller, der für viele Herren, so auch für Benjamin Franklin, gearbeitet hatte, eröffnete in Philadelphia eine eigene Druckerei und ließ dort ab Januar 1762 die Zeitung „Der Wöchentliche Philadelphische Staatsbote" erscheinen. Nach dem Urteil von Reimer Eck war es Henrich Miller, der erstmalig das deutsche Lesepublikum in größerem Umfang an den entscheidenden politischen Diskussionen um die Auseinandersetzung der britischen Kolonien mit dem Mutterland teilhaben ließ.

123 https://de.wikipedia.org/wiki/Schlacht_bei_Yorktown, abgerufen 10.1.2018 und Faust 1909, S. 345.

124 Eck, Reimer: Der deutschsprachige Buchdruck in den amerikanischen Kolonien bis zum Erscheinen der Unabhängigkeitserklärung (Teil 3). Online-Publikation. www.dhm.de/archiv/magazine/unabhaengig/eck_3d.htm, abgerufen 28.09.2021.

Als 1776 die Revolution ausbrach, trat der Unterschied in den politischen Haltungen der Konkurrenten deutlich hervor. Christoph Sauer junior, seinen Glaubensbrüdern verpflichtet, publizierte im Geist der Quäker traditionelles und anti-aufrührerisches, um den Frieden besorgtes Schrifttum. Miller indes verbreitete ein brisantes Pamphlet, „*Der Alarm: Oder, Eine Erweckungs Zuschrift an das Volk von Pennsylvanien, über den neuerlichen Entschluss des Congress, um alle von der Krone Großbritannien hergeleitete Macht und Gewalt gänzlich abzuschaffen*".[125] Die amerikanische Unabhängigkeitserklärung verbreitete er in deutscher Übersetzung, noch bevor sie auf englisch erschien.

Sauer handelte sich 1778 eine Anklage als Loyalist ein, er wurde enteignet und mit Druckverbot belegt. Damit fand eines der wichtigsten deutschen Druckhäuser ein unrühmliches Ende.[126] Miller, der dergleichen nicht zu fürchten hatte, aber damals schon ein Mann hoch in den Siebzigern war, stellte seinen „Staatsboten" nach dem Tod seiner Frau 1779 ein. Er starb 1780, noch vor dem Ende des Unabhängigkeitskriegs.

Zahlen

Der erste amtliche Zensus der neugegründeten USA im Jahre 1790 zählte insgesamt 3,9 Millionen Einwohner, von denen 3,2 Mio. Weiße und 700.000 Schwarze waren. Für weiter zurückreichende Zeiten gibt es dagegen nur Schätzungen. So hat man für 1776, das Jahr nach Ende des Unabhängigkeitskriegs, ca. 2,1 bzw. 2,2 Milo. Weiße und 500.000 Schwarze vermutet.[127] Verschiedentlich wurde bereits versucht, den deutschen Anteil an der Gesamtzahl der Einwohner der jungen USA zu berechnen, was natürlich immer bis zum einem gewissen Grad Theorie bleiben muss, da die verschiedenen Ethnien häufig untereinander heirateten.

Dennoch erscheint das Berechnungsmodell Hans-Jürgen Grabbes durchaus überzeugend, das die Nettoeinwanderung mit dem Bevölkerungswachs-

125 Eck, ebd.

126 Splitter, S. 98.

127 Faust 1912, S. 232.

tum im Lande in Korrelation setzt. Da Grabbe jedoch für die Jahre vor 1710 praktisch von einem deutschen Bevölkerungsanteil von Null ausgeht (erst ab diesem Jahr lassen sich einigermaßen sichere Zahlen für den Einschiffungshafen Philadelphia gewinnen) und damit die erste deutsche Einwanderungswelle in die Staaten vollkommen ignoriert, dürfte sein Endergebnis von ca. 364.000 (oder 11,5 % der Weißen) für 1790 doch zu niedrig liegen.

Rechnet man dagegen mit der absoluten Minimalzahl von 3.000 Deutschen, die Gellinek für die Zeit vor 1683 ermittelt hat, und geht in einer – mehr als vorsichtigen Schätzung – von drei Dekaden mit durchschnittlich ca. 20 % Zuwachs aus,[128] dann gelangt man zu einer (sehr niedrig gegriffenen) Ausgangszahl von ca. 5.000 Deutschstämmigen für 1710. Schon durch diese geringe Differenz ändern sich die Gesamtanteile zum Teil recht deutlich.

	Grabbe	Neuberechnung
1710	274	5.000
1720	4.420	10.110
1730	9.074	15.913
1740	29.489	38.031
1750	62.466	73.007
1760	138.055	151.632
1770	189.385	206.967
1776	228.594	249.305
1780	251.736	274.540
1790	363.782	395.799

Tab. 4: Wachstum der deutschstämmigen Bevölkerung unter Berücksichtigung von Einwanderung und natürlichem Zuwachs

Umgerechnet ergäbe das für 1790 etwa 12,5 % Deutschstämmige der weißen Gesamtbevölkerung. 1750 lag der Wert dagegen noch bei 8 % (von 934.000

128 Damit wird das natürliche Wachstum der Eingewanderten der Jahre vor 1683 praktisch komplett ausgeblendet.

Weißen).[129] Einwanderung und Geburten hatte die Relationen während des 18. Jahrhunderts also (nach beiden Berechnungen) deutlich verändert.

Die Neuberechnung ist durchaus realistisch. Wo Grabbes Modell für 1776 auf 228.600 Personen kam,[130] errechnete Albert B. Faust 225.000. Das liegt zwar auf den ersten Blick ein gutes Stück unter den von uns geschätzten fast 250.000, aber Fausts Angabe bezieht sich allein auf alle in der Überlieferung bekannten Siedlungen. Er versieht sein Berechnung mit dem ausdrücklichen Zusatz: „*Die Zahl der in den großen Städten verstreuten Deutschen und der geschichtlich unverzeichnet gebliebenen Niederlassungen muß recht beträchtlich gewesen sein.*"[131] Anhand der bekannten Siedlungen ermittelte Faust für 1790 ca. 345.000 deutschstämmige US-Amerikaner.[132] In einer zweiten Modellrechnung, aufgrund der Verbreitung deutscher Namen auf County-Ebene in den erhaltenen Volkszählungslisten, kam er für 1790 entsprechend sogar auf etwa 375.000 Deutsche.[133]

Letztlich dürfte die letzte Zahl von Faust damit als gesichert gelten, wobei zu berücksichtigen ist, dass die erste Einwanderungswelle im 17. Jahrhundert erst in der jüngsten Vergangenheit verifiziert werden konnte und somit auch Faust erst für die Zeit nach 1683 von deutscher Einwanderung ausging. Viele Namen der allerersten deutschen Einwanderer galten wohl auch als holländisch oder waren so stark anglisiert, dass sie nicht mehr erkennbar waren.

Die unterschiedlichen Berechnungswege lassen zwar einen gewissen Spielraum, der sich zwischen 350.000 und knapp 400.000 bewegt, wobei die Wahrscheinlichkeit doch eher für die höhere Zahl spricht. In dieser Frage ist damit ausdrücklich Christian Gellinek zu widersprechen, der 1996 nach akribischer Recherche die bereits öfter genannte Mindestzahl von 3.000 Deutschen ermitteln konnte, die vor 1683 einwanderten, der dann aber vermutete, dass es unmöglich sei, von dieser Zahl auf die von Klaus J. Bade (in Anlehnung an

129 Grabbe, S. 101.

130 Grabbe, S. 102.

131 Faust 1912, S. 236.

132 Faust 1912a, S. 12.

133 Faust 1912a, S. 12–17.

Faust) geschätzten 225.000 für 1778 zu gelangen.[134] Grabbes sehr plausibles Berechnungsmodell belegt eindeutig das Gegenteil. In sein Modell waren auch die von Marianne Wokeck ausgewerteten Zahlen aller angekommenen Schiffe für den Zeitraum von 1710–1775 mit 111.000 deutschen Einwanderern,[135] eingeflossen. Es lässt sich leicht ermessen, dass selbst die Berechnungsmodelle von Grabbe und Faust nur Mindestzahlen angeben, denn auch in den fast 30 Jahren von 1683–1710 hat es Einwanderer aus Deutschland gegeben und die mindestens 3.000 vor 1683 haben sich auch schon vor diesem Jahr vermehrt.

Aber selbst mit den niedrigsten Zahlen lägen die Deutschen noch deutlich vor den Iren, die ja vorwiegend erst nach 1780 Zuwachs erhielten. An erster Stelle rangierte allerdings eindeutig der englische Anteil, der aufgrund von (eher oberflächlichen) Namenszuordnungen aus den 1920er Jahren für 1790 mit 60,9 % beziffert wurde. Diese Berechnung ergab im Übrigen nur 8,9 % für den deutschen Anteil und insgesamt 9,7 % für die Iren.[136] Berücksichtigt man jedoch die unzähligen Anglisierungen von Namen, dann wird deutlich, dass der tatsächliche Anteil der Deutschen sicherlich höher lag, hingegen der englische entsprechend zu reduzieren ist, genauso wie es schon Faust ermittelt hat.

Die klassische Aufteilung nach dem amtlichen Zensus des Jahres 1790 lautet: 48 % Engländer (und Waliser), 20 % Afrikaner, 8 % Ulster-Schotten, 7,5 % Deutsche bzw. Schweizer, 6,5 % Schotten und 2,5 % Niederländer.[137] Wie oben gezeigt wurde, lag der tatsächliche Anteil der Deutschstämmigen damals eher bei zwölf Prozent der Weißen bzw. zehn Prozent der Gesamtbevölkerung.[138] Bei den Weißen dominierten demnach weiterhin die Engländer mit mehr als der Hälfte, an zweiter Stelle folgten mit großem Abstand die Deutschen, dicht

134 Gellinek, S. XIIf.

135 Wokeck, S. 45f.

136 Grabbe, S. 99.

137 Reinhardt, S. 536, Abb. 66. In dieser Aufstellung sind die Iren nicht eigens ausgewiesen, deren Anteil unter den restlichen 7,5 % gesucht werden müsste, also nach dieser Aufteilung bei ca. 7 % liegen würde.

138 Faust 1912a, S. 12–17.

gefolgt von Ulster-Schotten, Schotten sowie Iren, die jeweils etwa gleich stark vertreten waren.

Diese Werte repräsentieren jedoch lediglich einen Gesamtdurchschnitt der 13 Kolonien, denn regional sah die Verteilung der Volksgruppen weiterhin vollkommen unterschiedlich aus. So können die etwa 700.000 Bewohner der Neuenglandstaaten in der Zeit um 1775 als fast ausschließlich englischstämmig angesehen werden.

In den übrigen Bundesstaaten lebten 1776 ca. 1,4 Millionen Weiße,[139] von denen etwa 380.000 als irisch- bzw. schottischstämmig angesehen wurden und, wie oben dargelegt wurde, ca. 250.000 als deutschstämmig gelten können, was fast einem Fünftel der Weißen entspräche. In Pennsylvania war mit ca. 110.000 von 341.000 sogar ein Drittel der Bevölkerung deutschstämmig. Im Bundesstaat New York könnten etwa 50.000 von ca. 200.000 Einwohnern und damit bis zu einem Viertel der Einwohnerschaft deutschstämmig gewesen sein. Pennsylvania (und südlich angrenzende Gebiete) und New York waren damit die eindeutigen Zentren deutscher Siedlung.

Während des Unabhängigkeitskrieges kam die Einwanderung zwar zum Erliegen, die Bevölkerung der jungen Vereinigten Staaten wuchs dennoch mehr als beträchtlich. Zwischen 1770 und 1790 stieg sie auf fast das Doppelte: von 1.688.729 auf 3.173.796.[140] In Europa folgten kurz darauf die Kriege infolge der Französischen Revolution. Nennenswerte Gruppen von europäischen Auswanderern kamen nun nur noch von den britischen Inseln. Bis zum Beginn gesicherter statistischer Aufzeichnungen 1819 ging die Einwanderung aus Europa also weiter, im Vergleich zu den acht Jahrzehnten vorher stieg sie sogar noch an.[141]

139 Faust 1912, S. 232ff.

140 Wellenreuther 2006, S. 400f und Tabelle, S. 702 und Grabe, S. 95–98.

141 Zahlen der Tabelle nach Grabbe, S. 94 und S. 60.

Zeitraum	England, Wales, Schottland	Irland	Nieder-lande Nord-deutschland	Frankreich (meist auch Deutsche)	andere (meist Karibik)	Gesamt
1775–1783			5.000–6.000 „Hessians“			ca. 6.000
1783–1790	6.470	45.320	3.600	190	2.160	57.740
1790–1800	15.230	61.500	5.070	1.700	14.400	97.900
1800–1810	18.090	42.710	8.890	1.510	12.880	84.080
1810–1820	47.940	49.780	14.110	3.020	11.830	126.680
Gesamt	87.730	199.310	36.670	6.420	41.270	371.400

Tab. 5: Europäische Einwanderung in die Vereinigten Staaten 1775–1820

Zwischen 1780 und 1820 kamen in halb so kurzer Zeit somit gut 25.000 Europäer mehr ins Land als von 1700 bis 1780. Fast neun Zehntel davon stammten aus Großbritannien einschließlich Irlands sowie aus Deutschland und der deutschsprachigen Schweiz. 70 % der Einwanderer gingen in New York und der Delaware-Region mit Philadelphia und Baltimore an Land,[142] wobei die Ausnahmestellung Philadelphias langsam durch New York abgelöst wurde.

Haupteinschiffungshafen für die Deutschen wurde nun Amsterdam, von wo aus 66 % dieser Auswanderer aufbrachen; an zweiter Stelle folgte Hamburg (14,2 %), dann Antwerpen (7,2 %), während Rotterdam weit zurückgefallen war (5,5 %). Den Rest teilten sich Tönning, Emden, Bremen und Varel.[143]

Von den Einwanderern stammten 200.000 aus Irland (54 %), weitere 88.000 aus England, Wales und Schottland (24 %). Etwa 40.000 waren deutschsprachig (11 %); es wären sogar nur 35.000, zöge man die an die Briten vermieteten rund 5.000 Soldaten ab, die nicht als Siedler gekommen waren, jedoch nach dem Ende der Kämpfe in den USA blieben. Der prozentuale Rückgang deutscher Auswanderer erklärt sich vor allem aus den europäischen Kriegen seit dem Ende des 18. Jahrhunderts und der Napoleonischen Festlandsblockade. Immerhin versiegte der Strom trotzdem nie völlig. In hoher Zahl kamen die Iren

142 Grabbe, S. 92ff.

143 Grabbe, S. 62.

vor allem in diesen Doppeljahren: 1784/85, 1791/92, 1801/02 und 1818/19, als jeweils 27.000, 23.000, 31.000 und 25.000 Ankömmlinge zu registrieren waren. Demnach ist von 1784 bis 1819 die irisch-amerikanische Bevölkerung um mehr als die Hälfte gewachsen. Aufs Ganze gesehen fiel die Einwanderung jedoch gegenüber dem immensen Bevölkerungswachstum durch Geburten in den USA insgesamt kaum ins Gewicht. Erst ab den 1840er Jahren kann bei den Neuankömmlingen wieder von einer wirklichen Masseneinwanderung gesprochen werden. So überschritt 1842 die Einwanderungszahl erstmals 100.000 Personen jährlich.

Zu diesem Zeitpunkt hatten die Vereinigten Staaten von Amerika ihre Fläche seit dem Erlangen der Unabhängigkeit schon entscheidend ausgedehnt. Mittlerweile verlief die Siedlungsgrenze am Mississippi, und die Besiedlung durch Europäer hatte bereits über die Rocky Mountains hinaus ausgegriffen bis nach Kalifornien, das damals allerdings noch spanischer Besitz war.

Neue Siedlungen entstanden fortan vor allem in der Region zwischen der Gebirgskette der Alleghanies und dem Mississippi. Sofern Gebiete westlich davon bereits durch Expeditionen erkundet worden waren, handelte es sich bei diesen Erkundungen aber meist um eine „inneramerikanische“ Angelegenheit – sie wurden nicht von Neuankömmlingen durchgeführt, sondern von denjenigen, die ihre Wurzeln bereits in der Neuen Welt hatten. Während Heinrich Batte und John Lederer die um 1670 die Blauen Berge überquerten, noch als Deutsche gelten konnten, dürften sich die Teilnehmer der Lewis-und-Clark-Expedition bereits als Amerikaner empfunden haben, auch wenn die Namen zweier Teilnehmer (Peter Weiser und William Werner), eine deutsche Abstammung nahelegen.[144]

Mit dieser Expedition, die vom Mai 1803 bis September 1804 währte, wurde Nordamerika von St. Louis aus erstmalig bis zum Pazifik durchquert. Präsident Thomas Jefferson, ein großer Befürworter des Unternehmens, liebäugelte mit einer USA, die von Ozean zu Ozean reichte, und dieses Wunschbild war, nachdem seine Regierung 1803 das in der Mitte gelegene, damals noch riesige Louisiana der französischen Kolonialmacht abgekauft hatte, in greifbare Nähe gerückt.

144 https://de.wikipedia.org/wiki/Lewis-und-Clark-Expedition, abgerufen 21.1.2018.

Das 19. Jahrhundert: Aus Tausenden werden Millionen

Der Roman der „Schatz im Silbersee“ von Karl May spielt bekanntlich in den 1860er Jahren. Im ersten Kapitel dieses Buches treffen sich auf einem Flussdampfer, der den Arkansas hinaufdampft, mehrere „Westmänner“: „Old Firehand“, der „Schwarze Tom“ und „Tante Droll“. Im Gespräch können sie feststellen, dass sie eines gemeinsam haben: Sie stammen alle drei aus Deutschland. Winter, Thomas Großer und Sebastian Melchior Pampel sind ihre eigentlichen Namen. Später gesellt sich noch die Hauptfigur fast aller Wildwest-Erzählungen Karl Mays, Old Shatterhand, zu ihnen. Als Alter Ego des Autors ist Shatterhand selbstredend auch ein Deutscher.

Was hier auf den ersten Blick merkwürdig übertrieben und unrealistisch anmuten mag, beschreibt in dramaturgisch zugespitzter Form eine Situation, die im 19. Jahrhundert keineswegs abwegig war.

Tatsächlich gab es einen ausgesprochen hohen Prozentsatz von Deutschen in der Nähe der nun viel weiter nach Westen vorgerückten Frontier. Allerdings hat die Geschichte einen Schönheitsfehler: May hätte besser daran getan, seine deutschen Westmänner als Siedler auftreten zu lassen oder aber den Roman nicht erst so spät spielen zu lassen. Noch im 18. Jahrhundert fanden sich gerade auch unter den Pionieren, z. B. in Virginia oder Kentucky, bemerkenswert viele Deutsche. Im 19. Jahrhundert jedoch war dies nicht mehr unbedingt der Fall. Zu jener Zeit waren Deutsche nämlich vor allem unter der ersten *Siedler*generation in den Nordstaaten vom Ohiotal bis zum Mittleren Westen anzutreffen. Sogenannte Westmänner rekrutierten sich dagegen vor allem aus den bereits in den Staaten geborenen Menschen, stammten aber kaum noch aus dem Ausland. Die – im Gegensatz zu den Romanen Karl Mays – authentischen Erinnerungen eines Friedrich Gerstäcker sind diesbezüglich eine verlässlichere Quelle.

Es waren eben keineswegs nur Einwanderer unter den neuen Siedlern, sondern auch die (durchaus zahlreichen) Kinder der ersten Neusiedlergeneration, die immer weiter nach Westen zogen. So kamen Menschen aus Virginia nach Kentucky und Tennessee oder aus Pennsylvania ins Ohio-Tal, und dann zogen sie oder ihre Kinder von dort weiter bis in den Mittleren Westen und darüber hinaus bis nach Oregon und Kalifornien.

Heinrich Melchior Mühlenberg berichtete 1747 dazu Folgendes: „*Ich habe beobachtet, daß während der fünf Jahre meines Hierseins kaum die Hälfte der ursprünglichen Gemeindeglieder im Lande geblieben ist. Von der andern Hälfte sind Einzelne gestorben, die meisten aber weggezogen und zwar etwa 40 bis 100 englische Meilen näher nach der Grenze von Pennsylvanien, Maryland und Virginien hin. Dennoch hat sich die Zahl der Gemeindeglieder nicht verringert, sondern vergrößert, denn Jahr für Jahr kommen neue Deutsche ins Land, während andere so viele ihrer Kinder in der Nähe ansiedeln, wie Raum und Erwerbsmöglichkeiten es irgend zulassen.*“[145] Vor allem letztere Bemerkung ist ein bemerkenswerter Hinweis auf das hohe Bevölkerungswachstum im Lande. Zudem zeigt diese Beobachtung, dass die neuangekommenen Einwanderer zunächst in die nahe gelegenen, bereits erschlossenen Gebiete zogen – sofern sie nicht in den immer weiter wachsenden Städten an der Ostküste blieben.

Wilhelm Kaufmann, einer der besten Kenner der Materie, beschrieb die Situation 1911 rückblickend so: „*Das junge Wisconsin war ein fast deutscher Staat, und von beträchtlichen Teilen Iowas und Minnesotas gilt dasselbe. Ohio war damals (d.h. vor der Mitte des 19. Jahrhunderts) zu einem Drittel deutschen Blutes und in Illinois und Indiana gab es weit ausgedehnte rein deutsche Siedlungen. Die deutsche Einwanderung jener Periode bestand wesentlich aus Bauern, viele derselben waren begütert. Sie strömten in Masse nach dem Westen, während die irischen Einwanderer meistens im Osten an der Küste verblieben.*“[146]

Wie erwähnt war die Einwanderung vom europäischen Kontinent zwischen 1790 und 1815 weitgehend zum Erliegen gekommen. Nach dem Unabhängigkeitskrieg nahm die Einwanderung in die USA im 19. Jahrhundert erst seit den 1820er Jahren wieder zu, und zwar sprunghaft, zunächst vor allem aus Irland, seit ca. 1830 dann auch verstärkt aus Deutschland. Verantwortlich dafür waren anhaltende Wirtschaftskrisen. Ernteausfälle und Teuerung ruinierten

145 Zit. bei Faust 1912, S. 299.

146 Kaufmann, S. 75, Anmerkung 22.

die Existenzen von Kleinbauern, Gewerbetreibenden und Handwerkern. Zusätzlich verschärfte das Bevölkerungswachstum den ökonomischen Druck. Die in vielen Landesteilen praktizierte Realteilung, die nicht den Erstgeborenen oder aber den jüngsten Sohn privilegierte, sondern alle Erben gleichstellte, führte zu einer fortgesetzten Zersplitterung des Ackerlandes. Höfe wurden zu klein, um ihre Familien noch zu ernähren, sodass sich Bauern als Tagelöhner verdingen mussten.

Die Gewerbefreiheit wiederum führte zu einer Überbesetzung der Handwerksberufe. Nach den Missernten von 1846 und 1853 stiegen die Preise für Kartoffeln und Brot um ein Vielfaches, wovon besonders Irland betroffen war. Die Verarmung war so groß, dass Gemeinden mancherorts auf eigene Kosten mittellose Familien nach Amerika schickten und für deren Schulden aufkamen. Die eine oder andere kleine Gemeinde löste sich sogar ganz auf und wanderte geschlossen in die USA aus.

Geographische Schwerpunkte der deutschen Ansiedlung blieben zunächst weiterhin Pennsylvania sowie die von dort aus besiedelten Bundesstaaten Ohio und Indiana.

Nicht einmal der Bürgerkrieg schreckte die Migranten, denn auch zwischen 1861und 1865 strömten weiterhin Einwanderer ins Land. Allerdings betraf dies nur die Nordstaaten, denn die ohnehin schon niedrigere Einwanderung in den Süden kam in dieser Zeit praktisch völlig zum Erliegen. Umstritten ist, ob der aus St. Wendel stammende *Nicola Marschall* (1829–1917), der an der Kunstakademie Düsseldorf Malerei studiert hatte und später in Alabama und Kentucky lebte, im Sezessionskrieg wirklich die Stars-&-Bars-Flagge und die grauen Uniformen der Konföderierten entworfen hat. Marschall, der diesen Anspruch erhob, gehörte wie Emanuel Leutze zur Düsseldorfer Malerschule.

Die Einwanderung nahm im 19. Jahrhundert extreme Ausmaße an.[147] Aus Hunderttausenden von Zuwanderern wurden ab dem zweiten Viertel des 19. Jahrhunderts Millionen. Als Ausschiffungshäfen dienten in dieser Zeit vorwiegend Le Havre, Antwerpen, die holländischen Häfen von Rotterdam und Amsterdam sowie die beiden deutschen Häfen von Bremen und Hamburg.

147 Grabbe, S. 94, Schneider-Sliwa, S. 101, Helbich, S. 152–155.

Hauptausschiffungshäfen der Ankommenden waren weiterhin Philadelphia und New York.

Zeitraum	Gesamt-einwanderung	davon Deutsche	Andere Briten = Engländer, Waliser, Schotten
Bis 1700	ca. 100.000	> 5.000 > 5 %	meist Engländer
1700–1780	350.000	111.000 ca. 30 %	73.000 Engl. + Waliser 100.000 Schotten 45.000 Iren
1780–1820	372.000	37.000–40.000 ca. 10 %	200.000 Iren ca. 54 % 88.000 Briten ca. 24 %
1820–1860	5.000.000	1.545.500 30,9 %	1.953.000 Iren 39 % 792.000 Briten 15,8 %
1860–1900	14.000.000	3.504.000 25 %	2.234.000 Briten 16 % 1.916.000 Iren 13,7 % 1.400.000 Skand. 10 %
1900–1940	19.200.000	1.140.000 5,9 %	3.768.000 Ital. 19,6 % 3.200.000 Ö.-U. 16,6 % 2.600.000 Russ. 13,5 % 1.230.000 Briten 6,4 % 918.000 Skand. 4,8 % 718.000 Iren 3,7 %

Tab. 6: Überblick über die Gesamteinwanderung aus Europa nach Nordamerika

Bis zum Ende der Napoleonischen Kriege waren seit der Gründung Jamestowns insgesamt über 800.000 Menschen über den Nordatlantik gezogen, davon etwa 245.000 Iren (mit deutlichem Schwerpunkt in der letzten Phase), ca. 180.000 Engländer und Waliser, 100.000 Schotten und Ulster-Schotten und über 150.000 Deutsche. Alle anderen Gruppen kamen dagegen nur in zu vernachlässigenden Quantitäten ins Land. Im Übergangsjahrzehnt 1820–1830 folgten dann 143.000 Europäer, darunter 50.000 Iren, 25.000 Briten (kaum noch Ulster-Schotten) und nur 7.000 Deutsche.

Ab den 1830er Jahren nahm die Zahl der Einwanderer sprunghaft zu, seit den 1840ern kamen jährlich über 100.000 Personen, bald waren es mehrere Hunderttausend pro Jahr, insgesamt strömten nun Millionen Menschen ins Land. Die Dominanz von Einwanderern von den Britischen Inseln und aus Deutschland hielt noch bis 1880 an. In keinem Jahrzehnt fiel sie unter 75 % der Gesamteinwanderung, häufig lag sie sogar bei 90 %.[148]

Nach der Niederschlagung der Märzrevolution von 1848 hatten jene, die sich durch ihr Streben nach Freiheit und nationaler Einheit hervorgetan hatten und denen nun Kerker und Tod drohte, aus dem restaurativen Europa Metternichs fliehen müssen. Badische Revolutionäre wie Friedrich Hecker (der „rote Hecker"), Lorentz Brentano, Carl Schurz und zahlreiche andere gingen in die USA. Man könnte meinen, dort habe sich der großdeutsche Traum dieser „Forty-Eighters" erfüllt, denn: *„Österreicher, Elsässer und Luxemburger gehörten zu Deutsch-Amerika, Rumänien- und Rußlanddeutsche weitgehend … auch Juden und Schweizer."*[149] Da sich das Deutschsein nach wie vor maßgeblich über die Sprache definierte (so etwas wie deutsche Staatsangehörigkeit gab es ja bis 1871 nicht), galt die Zugehörigkeit zu Deutsch-Amerika natürlich gleichermaßen für diejenigen, die plattdeutsch sprachen; sie galt mittlerweile dagegen nicht mehr für Zugezogene aus dem niederländischen Sprachbereich. Ein ähnlicher Prozess eines neuen, geeinten Selbstverständnisses wurde auch für Schotten und Ulster-Schotten in der Neuen Welt beobachtet.[150]

Zu berücksichtigen ist deshalb, dass ein gewisser Anteil der 4,3 Millionen Personen aus Österreich-Ungarn in der Neuen Welt ebenfalls als Deutsche ankamen. In der Doppelmonarchie war etwa ein Fünftel deutschsprachig; rechnerisch entspräche das 850.000 Einwanderern aus der deutschen Bevölkerungsgruppe. Faktisch waren es aber wohl noch mehr, da unter den Auswanderern aus der Doppelmonarchie offenbar ein deutliches Übergewicht von Deutschböhmen und jiddisch sprechenden Juden herrschte.

148 Zahlen nach Historical Statistics, zit. bei Helbich, S. 152–155.

149 Helbich, S. 48 und Tolzmann 2000, S. 226f mit Zahlen zu Schweiz, Österreich-Ungarn und Rußland.

150 Griffin, S. 4.

Im Russischen Reich hatte die deutsche Minderheit, die im Wesentlichen aus Wolga- und Schwarzmeerdeutschen bestand, unter der Protektion der Zaren ihre wirtschaftliche Lage beständig verbessert und an politischem Einfluss gewonnen. Das änderte sich nach der Abschaffung der Leibeigenschaft der russischen Bauern, die dadurch 1861, wenn auch nur formal, den Deutschen gleichgestellt waren, ohne jedoch Landbesitzer wie diese zu sein. Die Deutschfeindlichkeit wuchs, und mit dem Angleichungsgesetz von 1871 verschwand auch der Sonderstatus der Siedler. Von 1870 bis 1912 wanderten 300.000 Russlanddeutsche nach Nord- und Südamerika aus.[151] Die meisten, schätzungsweise mindestens 200.000, zog es in die USA. Unter der Rubrik „Einwanderung aus Russland“ verbergen sich so anfangs kaum „echte“ Russen, dafür aber seit 1880 zwei Millionen Juden,[152] die meist jiddisch sprachen und sich in der Neuen Welt häufig zur deutschen Kultur zählten; bei den übrigen handelt es sich vor allem um die erwähnten Russlanddeutschen sowie Polen und Balten. In Kansas zum Beispiel waren die aus Russland eingewanderten Personen fast alle deutschsprachig, zumeist handelte es sich dort um Mennoniten.[153]

Die aus Frankreich Eintreffenden wurden in Amerika sogar beinahe zur Gänze den Deutschen zugerechnet, denn es handelte sich fast ausschließlich um Elsässer oder Deutsch-Lothringer. Gerade in den 1850er und 1860er Jahren zogen zahlreiche Elsässer über den Atlantik.[154] Bis 1870 dürften mindestens 100.000 Elsässer und Deutsch-Lothringer ausgewandert sein. Diese Größenordnung wird annähernd durch eine Statistik aus demselben Jahr bestätigt, wonach 1870 116.402 Einwohner der USA aus Frankreich gebürtig waren.[155] Als Elsaß-Lothringen dann aber 1871 an das neu gegründete deutsche Kaiserreich fiel, rechneten die Einwanderer von dort nicht mehr unter die Franzosen, und die Statistiker fanden kaum noch jemanden zu zählen: Die Zahl der in Frankreich geborenen US-Amerikaner tendierte bis zum Beginn des 1. Weltkrieges praktisch gegen Null. Das bestätigt die Vermutung, dass die aus

151 https://de.wikipedia.org/wiki/Geschichte_der_Russlanddeutschen, abgerufen 12.12.2013.

152 Reinhard, S. 701.

153 Turk, S. 53f.

154 http://www.robert-weinland.org/emig.php?lang=en, angerufen 13.12.2013.

155 Helbich, S. 156.

Frankreich Gebürtigen fast ausschließlich aus Elsaß-Lothringen stammten und eher Deutsche als Franzosen waren.

Insgesamt kamen zwischen 1820 und 1870 ca. 320.000 Personen aus den Beneluxstaaten, Frankreich und der Schweiz in die USA.[156]

Da Antwerpen, Rotterdam und Amsterdam traditionell Transithäfen für Deutsche waren, dürften auch viele Einwanderer, für die als Herkunftsland Belgien oder Holland verzeichnet wurde, deutschstämmig gewesen sein. Die ausgewanderten Schweizer sprachen ohnehin fast ausschließlich deutsch.

Das alles bedeutet, dass man der Summe von 6,3 Millionen Deutschen, die sich gemäß der obigen Tabelle für den Zeitraum 1700–1940 ergibt, noch etwa 1,2 Millionen Deutsche hinzuaddieren könnte. Damit käme man auf über 7 Millionen, unter Berücksichtigung der jiddisch sprechenden Einwanderer sogar deutlich über 9 Millionen Personen mit, wie man heute sagen würde, deutschem Migrationshintergrund. Die nächsten Gruppen sind dann mit deutlichem Abstand Iren (4,6 Mio.) und Briten (4,5 Mio.) sowie die erst seit ca. 1880 einwandernden Italiener mit 3,8 Millionen, gefolgt von Skandinaviern mit 2,4 Millionen.

Spätestens seit Mitte des 19. Jahrhunderts war der Anteil der deutschstämmigen Amerikaner relativ an die erste Stelle gerückt und behauptete diese Position für ein halbes Jahrhundert. Mit seinen Millionen von Deutschen, die den Atlantik überquerten, machte das 19. Jahrhundert Epoche. In Amerika bildeten sich in den Großstädten nun etliche „*Little Germanys*". Es gab deutsche Schulen, Kirchen, Vereine und Zeitschriften in Hülle und Fülle.[157] Schon Ende des Jahrhunderts aber waren diese kleindeutschen Bezirke wieder am Schrumpfen. Gründe hierfür waren vor allem das Nachlassen des deutschen Einwandererstroms, die Assimilation und der Ortswechsel. Oftmals hatte sich bereits die zweite Generation im städtischen Milieu assimiliert oder aber die Einwanderer waren schlicht weitergezogen.

Durch den Aufbruch zu Landstrichen im Mittleren Westen entstand der „*German Belt*", auch dies ein Ergebnis des 19. Jahrhunderts. Die Bundesstaaten

156 Historical Statistics bei Helbich, S. 155.

157 Vgl. Helbich, S. 48ff.

des Mittleren Westens und des Ohiotals erhielten in dieser Zeit ihre deutsche Prägung, die bis heute fortwirkt. Dort gibt es zwar mittlerweile keine größeren deutschsprachigen Minderheiten mehr, aber etwa die Hälfte aller Einwohner führt ihre Abstammung noch immer auf deutsche Einwanderer zurück. Während also in den großen Städten wie New York, Baltimore, San Francisco oder auch St. Louis bald andere Ethnien in die deutschen Quartiere nachrückten, wurde die ländliche Region der ehemaligen Prärien dauerhaft geprägt.

Dieser geographische Wandel zeigt sich auch darin, das Chicago Philadelphia als größte „deutsche" Stadt ablöste. Ebenso wurde Pennsylvania von den drei Bundesstaaten Wisconsin, Minnesota und Iowa als „deutsche" Staaten überflügelte. In Wisconsin, wohin Deutsche seit den 1830er Jahren gekommen waren, wurden sie beinahe allgegenwärtig. Deutsche Einwanderer und ihre Kinder machten dort im Jahr 1900 71,1 % der Bevölkerung aus.[158] Entsprechend gehörte Milwaukee damals mit etwa derselben Prozentzahl unter fast 300.000 Einwohnern zu den Städten mit dem größten deutschen Bevölkerungsanteil.

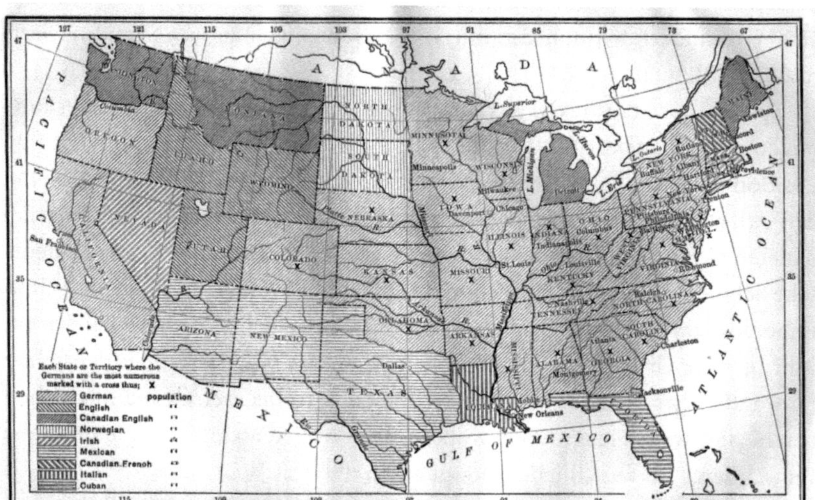

Abb. 33: Karte USA um 1890 mit Angabe der in den jeweiligen Bundesstaaten am meisten vertretenen Einwanderergruppen, x = deutsche Mehrheit

....

158 Faust 1912, S. 387f.

Häufig siedelten die Neuankömmlinge auch in der Neuen Welt gemeinsam mit Nachbarn aus denselben Herkunftsorten: „*So wurde zum Beispiel Lomora, im Kreise Dodge, fast vollständig von preußischen Brandenburgern besiedelt, die der Evangelischen Gesellschaft angehörten. Die benachbarten, ebenfalls im Kreise Dodge gelegenen Städte Hermann und Theresa wurden hauptsächlich von Pommern gegründet. Im Kreise Calumet finden sich oldenburgische, luxemburgische und holsteinische Niederlassungen. St. Kilian, Kreis Washington, wurde von Leuten aus dem nördlichen Böhmen, nicht weit von der deutschen Grenze, besiedelt. In Belgium (Kreis Ozaukee) finden sich fast ausschließlich Luxemburger, während Oldenburger die deutsche Niederlassung Cedarburg bewohnen. Drei Viertel der Einwohner Farmingtons, Kreis Washington, stammen aus Sachsen. Im gleichen Kreis ist Jackson hauptsächlich von Pommern bewohnt, wie denn auch die Hälfte der Bevölkerung von Kewaskum aus dieser deutschen Provinz stammt. Im Kreis Dane finden sich verschiedene interessante Gruppen deutscher Katholiken. Roxbury ist zu neun Zehnteln deutsch; seine Bewohner stammen meist aus der Rheinprovinz und aus Bayern.*“[159]

Hier setzte sich das bekannte Phänomen der Kettenwanderungen fort.

Der Mecklenburger Schriftsteller Johannes Gillhoff (1861–1930) verarbeitete in seinem 1917 erschienenen Werk „Jürnjakob Swehn, der Amerikafahrer“ Briefe, die er um die Jahrhundertwende sammelte und die sein Vater von ehemaligen Schülern erhalten hatte, die in die USA gegangen waren.

So entstand die fiktive Gestalt des Jürnjakob Swehn, der offenbar an den 1868 in die USA ausgewanderten *Carl Wiedow* angelehnt war, den es zusammen mit etlichen anderen Auswanderern aus der Region um Ludwigslust nach Iowa – einem typischen Ziel der Deutschen damals – verschlug. Mittlerweile konnten die meisten Details der Briefe tatsächlich verifiziert werden.[160]

Swehn/Wiedow steht beispielhaft für die Millionen Menschen, die über den Atlantik zogen, um in Nordamerika eine neue Existenz aufzubauen. Seine Briefe verkünden zugleich, dass diejenigen, die die Strapazen und Unwägbarkeiten der Reise erfolgreich hinter sich brachten, für ihre Mühen belohnt wurden.

159 Faust 1912, S. 397.

160 Knuth, passim.

„Wir haben alles plenty", schreibt Jürnjakob, „plenty Land und plenty Vieh. Aber es kostete auch plenty Schweiß." Solange günstiger Boden zu erwerben war, fand noch jeder ein besseres Auskommen denn als Knecht oder Magd im Mecklenburgischen.

Dies traf natürlich nicht nur für die Deutschen zu, sondern gleichermaßen für ihre skandinavischen Nachbarn. Laura Ingalls Wilders (1867–1957) Buchserie, unter dem Filmtitel *„Unsere kleine Farm"* bekannt geworden, schildert im Grunde genommen ähnliche Erfahrungen, in diesem Fall im benachbarten Minnesota, neben dem deutschen zugleich auch dem Schwerpunkt der schwedischen Siedlung. Der mittlere Westen wurde durch seine bäuerlichen Einwanderer zu einer von deutsch-skandinavischer Agrarkultur geprägten Landschaft (mit Englisch als Umgangssprache).

Aber auch für die zahlreichen Einwanderer die in den großen Städten verblieben, ergaben sich Aufstiegsmöglichkeiten.

Etliche Neuankömmlinge hielten sich nur vorübergehend in den Staaten auf. Ihre Reiseberichte lockten dann wieder Scharen neuer Einwanderer an. Zu den bekanntesten solcher Reiseschriftsteller gehörten die Deutschen *Gottfried Duden* (1785–1855), *Charles Sealsfield* alias *Karl Anton Postl* (1793–1864), *Balduin Möllhausen* (1825–1905) und *Friedrich Gerstäcker* (1816–1872). Sie bereisten allesamt die Vereinigten Staaten und waren anschließend literarisch tätig.

Auch ein anderer prominenter Deutscher – wie Swehn/Wiedow ein Mecklenburger – hielt sich längere Zeit in den USA auf, wo er in Kalifornien in der Zeit des großen Goldrausches ein Vermögen erwirtschaftete: Heinrich Schliemann (1822–1890). Seine geschäftlichen Erfolge in den USA waren ein wichtiger Wegstein auf seinem Weg zu den späteren sensationellen archäologischen Entdeckungen.

Johann August Sutter (1803–1880), der aus Baden stammte, wuchs in der Schweiz auf und wanderte aus, weil er als Tuchhändler pleite gegangen war, Schulden gemacht und beim Konkurs betrogen hatte. Er war auf seine Art ein Schwindler und Schwadroneur ersten Ranges. Nachdem ihm der Trapper Kit Carson das Land Kalifornien, jenseits der Rocky Mountains, als Paradies beschrieben hatte, ließ ihn der Gedanke nicht mehr los, dort zum Kolonisator zu werden. Nach Irr- und Umwegen gelangte er tatsächlich dorthin und wagte es, in die fruchtbaren Täler des Hinterlandes vorzustoßen. Er prosperierte als Großgrundbesitzer, Pelzhändler, Viehzüchter, Obst-, Spargel- und Weinbauer, als Schnapsbrenner und Besitzer einer eigenen Münze, deren Blechtaler „Suttergeld" hießen. In seinen Erinnerungen schrieb er: „Ich war alles: Patriarch, Priester, Vater, Richter." Vom mexikanischen Gouverneur hatte er die Autorität erhalten, „Diebstählen der Abenteurer aus den Vereinigten Staaten zu wehren und das Eindringen wilder Indianerstämme zu verhindern". Die Kolonisation des Sacramento-Taless trug ihm den Spitznamen „Kaiser von Kalifornien" ein. Auf seinem riesigen Besitz, seinem „Neu Helvetien", wurde das Gold des großen kalifornischen Goldrausches entdeckt; er selber profitierte jedoch überhaupt nicht davon. 1936 wurde er von Luis Trenker im Ufa-Film „Der Kaiser von Kalifornien" verkörpert.

Der Grafiker und Maler *Lyonel Feininger* (1871–1956), der erste Meister am 1919 in Weimar gegründeten Bauhaus, wurde zwar in den USA geboren, kam dann aber mit sechzehn Jahren in die deutsche Heimat seiner Eltern. Die Nazis verfemten seine Arbeiten als „entartete Kunst". 1937 emigrierte er in seine Geburtsstadt New York. Seine 1906 in den USA veröffentlichten Comic-Geschichten „Kin-der-Kids" wurden übrigens in Europa gezeichnet und über den Atlantik geschickt.

Die übergroße Mehrzahl der über den Atlantik Gekommenen blieb allerdings dauerhaft in den Staaten und einige von ihnen wurden tatsächlich zu Berühmtheiten. Beispielhaft seien einige von ihnen kurz vorgestellt.

Johann Jacob Astor avancierte zum Inbegriff des Self-Made-Millionärs. Er war 1763 in Walldorf bei Heidelberg in ärmlichen Verhältnissen geboren worden und mit sechzehn Jahren zu einem seiner Brüder nach London gezogen. Mit zwanzig, 1783, wanderte er in die frisch gegründete USA aus. Man kann ihn zu den bedeutenden Deutschamerikanern des 18. wie auch des 19. Jahrhunderts zählen. Ihm gelang ein fulminanter Aufstieg im Pelzhandel und seine 1808 gegründete „American Fur Company" operierte bis an die Rocky Mountains heran. Konkurrierende staatliche Pelzhandelsstationen, die im Tauschhandel mit den Indianern für deren Pelze zivile Güter gaben, Pflüge etwa, schaltete Astor aus, indem er stattdessen Waffen lieferte. Zwischen 1800 und 1825 errang diese Firma die Monopolstellung im Pelzhandel in Europa und China. Nach der Eröffnung des Eriekanals 1825 stieg Astor zusätzlich in Manhattan ins Immobiliengeschäft ein. Er erwarb großflächig Land in der damals nur 23.000 Einwohner zählenden Stadt und konnte immense Gewinne damit erwirtschaften, als das von ihm prognostizierte Wachstum eintrat. Der New Yorker Stadtteil Astoria ist nach ihm benannt. Bei seinem Tod 1848 war er mit geschätzten 20 Mio. Dollar Vermögen der reichste Mann der USA. Dass er diesen Reichtum weitervererbte und nicht für wohltätige Zwecke spendete, wurde ihm später von Einigen vorgeworfen.

Als Astor starb, steckte der Mann, der ihn mit sagenhaftem Reichtum bei weitem übertrumpfen sollte, noch in den Kinderschuhen: *John Davison Rockefeller.* Auch Rockefeller begann bescheiden. Er war Hilfsbuchhalter und Buchhalter, bevor er zum neuzeitlichen Krösus aufstieg. Behauptungen, seine Familie habe französische Wurzeln, haben sich nicht halten können. John D., am 8. Juli 1837 in Richford/New York geboren, stammte von Johann Peter Rockenfeller bzw. Roggenfeller ab, der 1723 oder 1731 aus Neuwied nach New Jersey ausgewandert war und sich anschließend in Germantown/Pennsylvania niedergelassen hatte. 1859 gründete John D. in Cleveland eine Produktenhandlung. 1863 erfolgt sein Einstieg in das Ölgeschäft, das er beständig ausbaute. Als seine Standard Oil Company auf rund vierzig Unternehmen angewachsen war, vereinigte er dieses Geflecht 1882 zum „Standard Oil Trust" (heute „Exxon"). Das verschaffte ihm nahezu das Monopol bei den Raffinerien in den USA. Rockefeller erwarb Beteiligungen an zahlreichen anderen Unternehmen und wurde zum reichsten Mann nicht nur der USA, sondern der ganzen Erde. Wie Astor war er ein gerissener Geschäftsmann – anders als jener aber war der Ölmagnat ein Philanthrop. Seine Stiftung, die „Rockefeller Foundation", verteilte über 500 Mio. Dollar für wohltätige oder gemeinnützige Zwecke. Rockefeller war 1890 Mitbegründer der University of Chicago, er ließ „The Cloisters" als Ableger des Metropolitan Museum of Art erbauen und gründete das Rockefeller-Museum in Jerusalem. Wie sehr er sich mit seinen Vorfahren identifizierte, belegt die Errichtung eines Denkmals für Johann Peter Rockefeller im Jahre 1906. Bis zu seinem Tode 1937 behielt er seine sprichwörtlich gewordene Ausnahmeposition als erster Milliardär der Weltgeschichte.

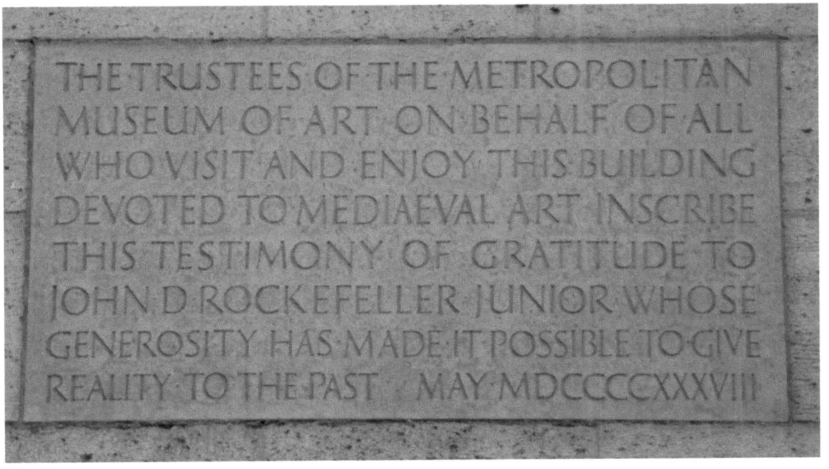

Abb. 34: Stifterinschrift im Museum „The Cloisters", New York

Ebenfalls in den Bereich der Wirtschaft gehören die Vorfahren des späteren US-Präsidenten Donald Trump: *Friedrich Trump* (* 1869 Kallstadt, † 1918 New York) kam 1885 nach New York und betrieb später im Yukon-Territory eine Restaurant-Kette, die ihm ein Vermögen einbrachte. 1902 erfolgte seine Hochzeit mit *Elisabeth Christ* (1880– 1966). Nach einigem Hin- und Herpendeln zwischen den USA und Deutschland blieb das Paar 1905 endgültig in New York, wo im gleichen Jahr *Fredrick C. Trump* geboren wurde († 1999), der Vater von Donald Trump (* 1946).

Nach der Revolution 1848/49 stieg die Zahl der deutschen Neuankömmlinge weiter stark an. Nun trafen auch viele Intellektuelle ein, die im amerikanischen gesellschaftlichen Leben wichtige Rollen übernahmen. Der wohl bekannteste unter ihnen war der schon mehrfach erwähnte *Carl Schurz* (1829–1906), der im Rheinland geboren wurde und einer der einflussreichsten Politiker der USA werden sollte. Schon als junger Mann war er Karl Marx begegnet, dessen Analysen er hoch achtete, den er als Person aber unerträglich arrogant fand. Der Radikaldemokrat Schurz setzte sich ein für Pressefreiheit, freies Versammlungsrecht und Gleichheit vor dem Gesetz – lauter Ideale, die sich in seiner

Heimat 1848 noch nicht verwirklichen ließen. Die USA wurden sein Sehnsuchtsland. Vor der Übersiedlung im September 1952 heiratete Schurz die aus einer liberalen Hamburger Familie stammende Margarete Meyer (1833–1875), eine sozial engagierte, ebenfalls den „Forty-Eighters" zuzurechnende Frau, die in Amerika den ersten Kindergarten gründete. Als Anhänger Abraham Lincolns, den er 1860 kennenlernte, hielt Carl Schurz Reden gegen Sklaverei und korrupte Parteiwirtschaft – und er gewann seinem Präsidenten deutschstämmige Wähler. Er kämpfte als Freiwilliger im Bürgerkrieg, wurde Senator in Missouri und als Innenminister der republikanischen Partei zum bekanntesten Exponenten der Amerikadeutschen. Die Übernahme des Amtes des Innenministers, das er von 1877 bis 1881 bekleidete und das seiner Person einen Auftritt im John-Ford-Western „Cheyenne" von 1964 bescherte, war der Höhepunkt seiner Karriere – und eines Lebens, durch das sich wie ein roter Faden die Wandlung vom bewaffneten Revolutionär zum reformeifrigen Republikaner zieht. Der von Ehefrau Margarethe 1856 gegründete Kindergarten in Watertown Wisconsin war im Übrigen deutschsprachig und bestand bis zum Ersten Weltkrieg. Als er dann schließen musste, weil die Sprache des Feindes, zu dem das Deutsche Reich geworden war, misstrauisch angesehen wurde, hatte das Wort „Kindergarten" bereits Eingang in das amerikanische Englisch gefunden und ließ sich nicht mehr daraus vertreiben. Nicht zuletzt der Einwanderungswelle im Gefolge der gescheiterten Märzrevolution von 1848 war es zu verdanken, dass deutschstämmige Amerikaner vorwiegend der Republikanischen Partei, damals der Partei Abraham Lincolns, anhingen.[161]

Der Weg von *Joseph Pulitzer* mag beispielhaft für die Immigranten aus Osteuropa stehen, die aufgrund jüdischer Herkunft fest im deutschsprachigen Kulturkreis verankert waren. Pulitzer wurde 1847 im kleinen ungarischen Ort Mako bei Szeged geboren. Sein Vater war ein jüdischer Kornhändler, seine Mutter Deutsche. Pulitzer wuchs in der deutschen Sprache auf.

Er kann demnach sowohl der jüdischen als auch der ungarischen und eben vor allem auch der deutschen Einwanderung zugerechnet werden. Während des Sezessionskrieges konnte Pulitzer sich in Hamburg für das Unionsheer

161 Vgl. auch Finzsch, S. 519.

registrieren lassen und gelangte so in die USA. 1868 kam er nach St. Louis, damals einem Zentrum für deutsche Einwanderer und wurde von Carl Schurz als Reporter bei der deutschsprachigen „Westlichen Post" angestellt, deren Herausgeber er schließlich wurde und bei der er bis 1873 blieb. Pulitzer erwarb später die „New York World" und lieferte sich einen erbitterten Konkurrenzkampf mit William Randolph Hearst und dessen „New York Journal". Seine Zeitung wurde zur Geburtsstätte des farbigen Comicstrips und des Kreuzworträtsels. Pulitzer deckte einen Bestechungsskandal um den Panama-Kanal auf und gewann schließlich einen Prozess gegen Präsident Teddy Roosevelt und den Finanz-Tycoon J.P. Morgan. 1911 verstarb Pulitzer, der mit Spitznamen *„Joey the german"* genannt wurde.

Unter der großen Gruppe deutschstämmiger Zeichner und Karikaturisten ragen einige hervor:

Der Karikaturist *Thomas Nast* wurde 1840 im pfälzischen Landau geboren und kam 1846 in New York an. Auf ihn gehen zurück: das Dollarzeichen, die Gestalt des „Uncle Sam" und der allseits bekannte „Santa Claus". Nast starb 1902. Maßgeblich an der Erfindung des Comic-Strip beteiligt war *Rudolph Dirks*, der 1877 in Heide in Holstein geboren wurde, 1884 in Chicago eintraf und seit 1901 mit den „Katzenjammer-Kids" Comic-Geschichte schrieb. Mit den Katzenkammer-Kids verknüpft ist auch der Comic-Zeichner *Harold Kneer* (1862–1949), dessen Eltern aus Deutschland in die Vereinigten Staaten gekommen waren.

Wilhelm Heinrich Detlev Körner (oder W.H.D. Koerner), der 1878 in Lunden, Dithmarschen, das Licht der Welt erblickt hatte und bereits als Kleinkind nach Iowa gekommen war, kreierte 1902 mit „Hugo Hercules" den ersten Superhelden des Comics, machte sich dann aber vor allem als Maler von Wild-West-Gemälden einen Namen.

Charles William Kahles wurde ebenfalls 1878 geboren, allerdings im fränkischen Lengfurt und kam 1885 nach Nordamerika. Er schuf 1906 mit „Hairbreadth Harry" einen der ersten Abenteuerhelden des Comic.

Auch der Vater von *Charles M. Schulz* (1922–2000), dem Erfinder der *Peanuts,* stammte aus Deutschland, aus dem altmärkischen Stendal Charles' Mutter dagegen war Norwegerin. Diese deutsch-skandinavische Familie in St. Paul in Minnesota kann als typisch für den Mittleren Westen gelten.

Nicht nur im Bereich der Zeichner, auch auf dem Feld der Kunstmaler war das deutsche Element führend: *Emanuel Leutze* wurde bereits im Kapitel über den Unabhängigkeitskrieg erwähnt, *Nicola Marschall* im Zusammenhang mit der Konföderierten-Fahne.

Charles Wimar (eigentlich Karl Ferdinand Weimer, 1828–1862), war noch in Siegburg geboren worden und mit 15 Jahren in die Vereinigten Staaten gekommen. Er fertigte ebenfalls etliche berühmte Historiengemälde an, z. B. in den 1850er Jahren „Die Entführung von (Daniel) Boones Tochter durch Indianer", sein wohl berühmtestes Bild. Wimar, der zeitweilig in Düsseldorf Privatunterricht von Leutze erhielt, war auch an zwei Expeditionen in den Westen beteiligt.

Gleiches gilt für den gebürtigen Solinger *Albert Bierstadt* (1830–1902), der schon mit drei Jahren in die USA kam, und der durch großformatige Landschaftsbilder des Westens berühmt wurde.[162] Vor allem zur Düsseldorfer Schule bestanden enge Beziehungen über den Atlantik, so dass es nicht nur für deutschstämmige Maler zum guten Ton gehörte, dort eine Ausbildung genossen zu haben.

Abb. 35: Albert Bierstedt, „Merced River, Yosemite Valley", 1866, heute New York Metropolitan Museum of Art

162 Vgl. auch Finzsch, S. 524.

Gari Melchers (1860–1932), dessen Vater aus Soest stammte, wurde durch Genredarstellungen bekannt. Sein residenzartiges Anwesen mit dem Namen „Belmont" wurde 1965 als National Historic Landmark anerkannt.[163]

Abb. 36 und 37: Gari Melchers Haus und Atelier, Belmont

In den Bereich der Trickfilmzeichnung fällt die Arbeit von *Ub Iwerks* (1901–1971), der ein enger Mitarbeiter von Walt Disney war. Sein großer Anteil an der Schöpfung von Mickey Mouse – als „die Hand hinter der Maus" – wird oft unterschätzt. Er soll ein unglaublich schneller und produktiver Trickfilmzeichner gewesen sein; auch der erste farbige Zeichentrickfilm mit Ton überhaupt geht auf ihn zurück. Iwerks wurde 1901 in Kansas City als Sohn von Eert Ubbe Iwwerks geboren, der aus Uttum bei Krummhörn in Ostfriesland stammte und 1869 in die Staaten gegangen war.

Gibt es eine berühmtere Marke für Blue Jeans als *Levi's,* was das Kürzel ist für *Levi Strauss?* Ihr Schöpfer gleichen Namens wurde 1829 als Löb Strauß im fränkischen Buttenheim geboren, fristete als Hausierer sein Dasein und kam 1847 nach New York. Strauss, ein deutscher Auswanderer jüdischen Glaubens, erlangte während des kalifornischen Goldrausches in den 1850er Jahren Berühmtheit, als er strapazierfähige Kleidung aus Jeans-Stoff entwickelte und vertrieb. Er starb 1902 in San Francisco als Besitzer eines großen Vermögens.

Ein weiterer deutschstämmiger Industrieller war *William Edward Boeing* (1881–1956). Er wurde noch als Wilhelm Eduard Böing geboren, allerdings schon in Detroit, und war Sohn eines deutschen Bergbau-Ingenieurs, der 1868

163 Vgl. Vice Versa, S. 174f. und S. 460f.

aus Limburg an der Lenne (Ruhrgebiet) in die USA gekommen war. Boeing wurde zum Gründer des gleichnamigen Luftfahrtkonzerns.

Der aus Mühlhausen in Thüringen gebürtige *Johann August Roebling* (1806–1869) war 1831 über Bremen nach Amerika gelangt und erwarb seine Bekanntheit als Ingenieur für zahlreiche Brückenbauten, bei den Arbeiten für die Brooklyn-Bridge verunglückte er und starb an einer Tetanusinfektion, nicht zuletzt deshalb, weil er als Anhänger der – ebenfalls aus Deutschland in die USA gekommenen –Homöopathie schulmedizinische Behandlung ablehnte und seine Wunde nur mit Wasser auswusch.

Mit dem Deutschamerikaner *Gustav Weißkopf* (1874–1927) verknüpft sich ein regelrechter technikgeschichtlicher Krimi. Weißkopf wurde 1874 in Leutershausen in Bayern geboren und muss um 1895 in die USA gelangt sein. Dort nahm er zwar nie die amerikanische Staatsbürgerschaft an, amerikanisierte jedoch seinen Namen in „Gustave Whitehead". 1897 heiratete er in Buffalo/New York die deutschsprachige Louisa Tuba, die aus Österreich-Ungarn in die Staaten gekommen war. Seine historische Bedeutung resultierte aus seiner Beschäftigung mit Fluggeräten. Offenbar stand er in Kontakt mit Otto Lilienthal und führte 1899 seinen ersten (Gleit-)Flug durch. Mit dem sogenannten „Fluggerät Nr. 21" soll ihm dann im August 1901 mit einem selbstgebauten Motor ein erster bemannter Motorflug gelungen sein. Finanzielle Schwierigkeiten führten jedoch wenig später zum Abbruch seiner Versuche. Seine technikgeschichtliche Leistung war in seiner eigenen Gegenwart durchaus anerkannt, wurde jedoch später durch die Kampagne der Gebrüder Wright nicht nur in den Hintergrund gedrängt, sondern sogar in ihrem Wahrheitsgehalt komplett angezweifelt. Dabei kam nicht zuletzt das Argument der ausländischen Herkunft von Weißkopf zum Einsatz. Andererseits sind gerade in jüngster Zeit begründete Zweifel am angeblichen ersten Motorflug der Wrights im Dezember 1903 in Kitty Hawk immer lauter geworden. Für den Deutschen spricht, dass Nachbauten des Weißkopf-Fliegers sich als flugfähig erwiesen haben, während entsprechende Nachbauten des KittyHawk-Flyers sämtlich flugunfähig blieben.[164]

164 Vgl. dazu zuletzt Brown.

Edgar Schmued (1899–1985), der Konstrukteur und Flugzeugdesigner des Begleitjägers „P 51 Mustang", wurde in Hornbach in der Pfalz geboren und kam 1931 über Brasilien in die USA.

John Fröhlich (1849–1933), dessen Eltern aus Hessen stammten und die wie das Swehn-Vorbild Carl Wiedow in Clayton-County, Iowa lebten, konstruierte 1892 den ersten benzingetriebenen Traktor. 1918 verkaufte er seine Erfindung an Deere & Company.

Ein praktisch komplett in deutscher Hand befindlicher Wirtschaftszweig war das Brauereigewerbe. So geht das amerikanische Budweiser auf das „Budweiser Bürgerbräu" aus dem Bürgerlichen Brauhaus Budweis in Böhmen (heute Tschechien) zurück. Überwiegend deutschsprachige Bürger hatten das Brauhaus 1795 gegründet, böhmische Emigranten brachten die Rezepturen für Bier nach Pilsner Brauart dann in die Neue Welt. *Adolphus Busch* (1839–1913), der in Kastel am Rhein geboren wurde, braute unter dem Markennamen Budweiser ab 1876 Bier in den USA. Er folgte dabei der Idee seines Schwiegervaters Eberhard Anheuser, eine nationale amerikanische Biermarke zu entwickeln, und brachte den Konzern Anheuser-Busch an die Spitze der Branche. Als Millionär konnte sich Busch dann Sommerurlaube in Deutschland leisten. Bei einem solchen Aufenthalt starb er 1913 im Taunus, wurde aber in St. Louis beigesetzt.

In den geistesgeschichtlichen Bereich der Wissenschaft gehört *Franz Boas* (1858–1942), geboren in Minden als Kind jüdischer Eltern und 1887 in der USA angekommen, der als Begründer des gegenwärtig so einflussreichen Kulturrelativismus gelten kann, welcher davon ausgeht, Kulturen nur aus sich selbst heraus verstehen zu können.

Überproportional viele deutsche Einwanderer bzw. deren Nachfahren waren im kulturellen Bereich tätig. Für die Literatur wären hier zu nennen: *John Steinbeck* (1902–1968) mit einem deutschstämmigen Vater und einer irischstämmigen Mutter und *Lyman Frank Baum* (1856–1919), Erfinder des Zauberers von Oz, mit pennsylvanisch-deutschen und britischen Vorfahren. Ein eigenes Kapitel sind die im Nationalsozialismus Verfolgten. Deutsche Schriftsteller wie Bertolt Brecht (1898–1956), Oskar Maria Graf (1894–1967), Carl Zuckmayer (1896–1977), die Brüder Heinrich (1871–1950) und Thomas Mann (1875–1955), Lion Feuchtwanger (1884–1958) oder Erich Maria Remarque (1898–1970) wählten die USA zum Exil, wohin wegen der restriktiven amerikanischen Einwanderungspolitik jener Jahre nicht leicht zu kommen war. Nicht jeder Exilant erhielt die amerikanische Staatsbürgerschaft oder strebte sie an. Brecht und Feuchtwanger, als Linksintellektuelle im Visier der Behörden, wurden nie eingebürgert. Anders Thomas Mann oder Remarque, dessen Antikriegsroman „Im Westen nichts Neues" schon 1930 durch in Hollywood „All Quiet on the Western Front" verfilmt geworden war.

Dass es zu dieser Verfilmung kam, war einer weiteren deutsch-amerikanischen Verflechtung zu danken: dem Umstand, dass die gegen 1900 entstehende Filmbranche – im Grunde bis in die Gegenwart – einen erstaunlich hohen Prozentsatz deutschstämmiger Akteure aufweist. Hier ist an erster Stelle *Carl Laemmle* zu nennen, der 1867 im schwäbischen Laupheim geboren wurde und mit den Universal Studios 1912 das älteste noch bestehende Film-Studio der USA gründete, was zugleich den Standort von Hollywood festlegte. Laemmle war auf den enormen Verkaufserfolg von Remarques 1929 erschienenen Roman bei einer seiner regelmäßigen Heimatbesuche aufmerksam gemacht geworden, hatte das Buch mit Begeisterung gelesen und vom Autor die Filmrechte erworben.

Auch *Louis B. Mayer* (1884–1957) und *Marcus Loew* (1870–1927), Gründer von Metro-Goldwyn-Mayer, konnten auf russisch-jüdische bzw. deutsch-jüdische Wurzeln blicken.

Filmmusik galt zeitweilig regelrecht als von deutschen Künstlern beherrscht: *Erich Wolfgang Korngold* (1897–1957) und *Max Steiner* (1888–1971) stammten aus der K.u.K.-Monarchie, *Franz Waxman* (1906–1967) kam aus Schlesien, *Hugo Friedhofer* (1901–1981) und *Bernhard Herrmann* (1911–1975) hatten deutsch-amerikanische bzw. deutsch-jüdische Wurzeln und noch in der Gegenwart gibt es mit *Hans Zimmer* (* 1957), *Klaus Badelt* (* 1967), *Marc Streitenfeld* (* 1974) oder dem Deutsch-Briten *Max Richter* (* 1966) eine starke deutsche Fraktion unter den Hollywood-Filmkomponisten.

Von den unzähligen Schauspielern, die auf deutsche Vorfahren blicken können, seien an dieser Stelle *Clark Gable* (1901–1960), der von Pennsylvania-Deutschen abstammte, *Tony Curtis* (eigentlich Bernard Schwartz, 1925–2010), *James Garner* (eigentlich Baumgarner, 1928–2014), *Rock Hudson* (eigentlich Roy Harold Scherer, 1925–1985), *Nick Nolte* (* 1941), *Kevin Costner* (väterlicherseits deutsche Vorfahren in Nord-Carolina aus der Zeit um 1700, geb. 1955), *Bruce Willis* (Mutter aus Kaufungen, geb. 1955), *Leonardo DiCaprio* (Mutter aus Westfalen, geb. 1974), *Doris Day* (eigentlich Kappelhoff, geb. 1922), *Meryl Streep* (* 1949), *Gwyneth Paltrow* (mütterlicherseits von Quäkern aus Pennsylvania abstammend, * 1972) und *Kirsten Dunst* (* 1982) genannt. Ein Beispiel für die Abstammung aus gemischten Auswanderermilieus ist *Harrison Ford* (* 1942), dessen Vater auf einen deutschen und einen irischen Elternteil blicken konnte, und dessen Mutter, eine geborene Nidelman, aus einer jiddischen Familie aus Minsk stammte.

Billy Wilder (1906–2002) repräsentiert den Typ des deutschen bzw. deutschstämmigen Regisseurs, der vorwiegend in den Goldenen Jahren Hollywoods in den 1930er und 1940er Jahren tätig war. Andere deutschsprachige Regisseure waren *Robert Siodmak* (1900–1973), *Edgar G. Ulmer* (1904–1972), *Fred Zinnemann* (1907–1997) *Ernst Lubitsch* (1892–1947), *William Wyler* (eigentlich Wilhelm Weiller, 1902–1981), und *Fritz Lang* (1890–1976). Aber auch die aus der K-u.-K.-Monarchie stammenden jüdischen Regisseure *Michael Curtiz* (eigentlich Manu Kaminer, 1886–1962) oder der zeitweilig in den USA wirkende *Alexander Korda* (eigentlich Kellner, 1893–1956) können im weiteren Sinne noch zur deutschen Community gezählt werden.

Elvis Presleys (1935–1977) Vorfahren wurden bereits im Kapitel über die Anfänge der „Dutch" erwähnt. An dieser Stelle sei noch der Nobelpreisträger *Bob Dylan* (eigentlich Zimmerman, geb. 1941) hinzugefügt.

Deutsche Einwanderer waren aber trotz dieser Größen des Kulturbetriebs vor allem in der Landwirtschaft und im im Handwerk tätig. Dabei verdient der Instrumentenbau und hier wiederum die Klavierherstellung, hervorgehoben zu werden. Der aus dem Harz stammende *Heinrich Engelhard Steinweg* (später Henry E. Steinway, 1797–1871) gründete 1853 in New York mit seinen Söhnen die nach ihm benannte berühmte Firma, die sowohl dort als auch in Braunschweig und später Hamburg ihren Sitz hatte.

Prägende amerikanische Symbolmarken sind bis heute: Coca Cola, McDonald's, Disney-Land und Jeans-Hosen. Sie alle stehen irgendwie auch mit Deutsch-Amerika im Zusammenhang.

Während die McDonald's-Gründer schon anhand des Namens unschwer ihren keltischen Ursprung erkennen lassen, ist das Hauptprodukt ihrer Fastfood-Kette, der Hamburger, nicht ganz so leicht zu verorten. Die Idee, eine Portion gegrilltes Hackfleisch nebst weiteren Zutaten zwischen zwei Hälften Weißbrot zu stecken, muss nicht zwangsläufig in Hamburg entstanden sein, und ob das Gericht den deutschen Einwanderern zuzurechnen ist, konnte bisher nicht geklärt werden. Weniger strittig hingegen ist der deutsche Anteil an einer weiteren US-amerikanischen kulinarischen Erfindung. So soll der Hot Dog nach weitverbreiteter Meinung eine Schöpfung von Charles Feltman alias Karl Feldmann (1841–1910) sein, einem Hannoveraner Bäckergesellen, der mit fünfzehn nach New York auswanderte. Ab 1867 servierte er an einem Handwagen, worin ein Brenner zum Wasserkochen installiert war, im Vergnügungsviertel Coney Island heiße Würstchen, die er aus seiner Heimat kannte, im aufgeschnittenen Milchbrötchen mit einer Portion Sauerkraut – und war damit möglicherweise der Erste.[165] Eine wichtige Zutat zu jedem Fastfood, der Ketchup, kann dagegen wieder unzweifelhaft mit dem Namen von Henry John Heinz (1844–1919) verbunden werden, dessen Eltern noch in Deutschland geboren waren.

Dass sich als Nationalgetränk der Amerikaner gerade ein Soft-Drink wie Coca Cola und keine Biersorte etablierte, ist nun wiederum den starken englisch-puritanischen Ressentiments gegen den Alkohol zu verdanken, die erst nach 1917 gegenüber den großen Brauereien, die in deutschem Besitz waren, die Oberhand gewannen (siehe unten).

Der erfolgreichste Zeichentrickproduzent der Filmgeschichte *Walter Elias Disney* (1901–1966) vereint sogar in seiner eigenen Person die beiden wichtigsten Einwanderergruppen des 19. Jahrhunderts, denn sein Vater war irischer Herkunft (über Kanada ins Land gekommen) und seine Mutter Flora Call war Deutschamerikanerin, die 1868 in Steuben/Ohio geboren wurde.

Die Blue-Jeans schließlich wurde vom bereits erwähnten deutschen Juden Löb Strauß aus Bayern in Kalifornien erfunden, wobei zu ergänzen wäre, dass die Nieten, welche die Nähte der Jeans verstärkten (und ihr anfangs in

165 Vgl. Kraig, S. 29f., der allerdings nicht völlig überzeugt ist, dass sich so etwas Populäres wie der Hot Dog an einem einzigen Urheber festmachen lässt.

Deutschland den Namen Nieten- oder Niethose eintrugen), die Idee des lettisch-amerikanischen Schneiders Jacob Davis waren.

Das Aufspüren solcher Wurzeln ist immer spannend und zugleich erhellend; zeigt natürlich aber auch, dass es neben den deutschen meist auch andere Ursprünge gibt. Amerika war eben der große „Melting-Pot“ verschiedener europäischer Nationen. Zudem ist immer wieder zu beobachten, dass deutsche Nachnamen im Laufe der Zeit zum allermindesten anglisiert, manchmal sogar komplett abgelegt wurden, was Nachforschungen erschwert.

Höhepunkt und Fall

Der absolute Höhepunkt für Deutsch-Amerika war in den Jahren vor dem Ersten Weltkrieg erreicht. Mit Höhepunkt ist gemeint: Zu dieser Zeit gab es die meisten deutschsprachigen Zeitungen, Vereine, Kirchen und Schulen, und die Deutschsprachigkeit war nichts, was einem scheele Blicke eintrug. Im „German triangle“, dem Dreieck aus St. Louis/Missouri, Cincinnati und Milwaukee hatte sich sogar eine umfassende deutsche Infrastruktur ausgebildet, die Zugang zu deutschen Ärzten, deutschen Pfarrern, deutscher Wohltätigkeit und deutschem Bier gewährleistete. Mit einem Wort: Die Geltung deutscher Kultur in den USA war so groß wie nie zuvor, und das, obwohl schon um 1900 die Zahl deutscher Einwanderer drastisch zurückgegangen war und die im Lande lebenden Deutschen sich außerordentlich schnell assimilierten.

In jener Vorkriegsepoche lässt sich auch der höchste Prozentsatz deutscher Ortsnamen in den USA feststellen (vgl. Abbildung 38). Der verringerte sich, denn neue Orte wurden nun kaum noch gegründet und alte umbenannt. Nun war es zwar schon immer Usus gewesen, Ortsnamen – ähnlich wie Personennamen – dem Englischen anzupassen. Indessen wurden nicht zuletzt infolge des Kriegseintritts der USA 1917 zahlreiche Namen so verändert, dass sie kaum noch ihren deutschen Ursprung erkennen lassen. Ein Relikt noch aus der zweiten Hälfte des 19 Jahrhunderts ist zum Beispiel die einzige Hauptstadt eines Bundesstaates mit deutschem Namen: Bismarck in Nord Dakota. Die Northern Pacific Railway führte die Benennung des Ortes zu Ehren des deutschen Reichskanzlers 1873 in der Hoffnung ein, damit deutsche Einwanderer anzulocken. Ein Foto aus Steele, Nord Dakota, verdeutlicht mit seinen deutschen Aufschriften die damalige Bedeutung der deutschsprachigen Einwanderer. Ironischerweise hat eine Stadt wie Frankfort, Kentucky, nichts mit den gleichnamigen Städten an Main und Oder zu tun, denn der Ort wurde nach einem Trapper namens Frank benannt.

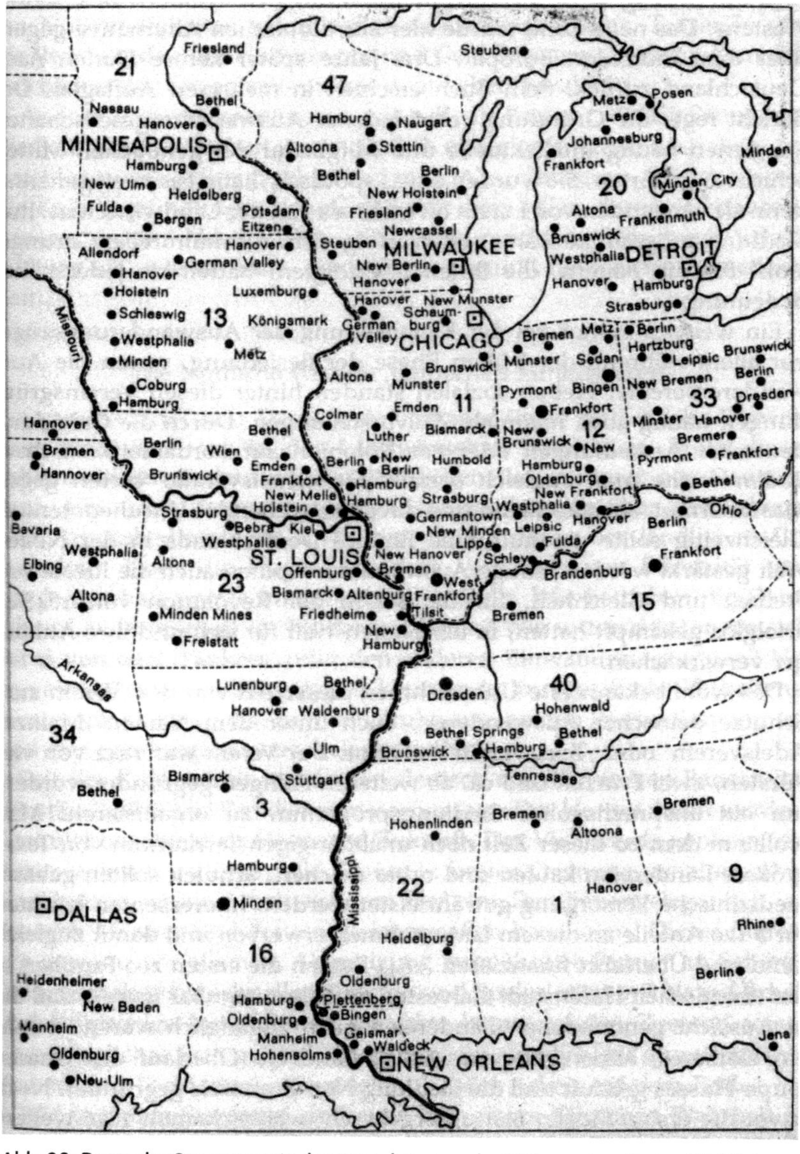

Abb. 38: Deutsche Ortsnamen in den Mittelstaaten der USA vor dem Ersten Weltkrieg

Abb. 39: Immobilienreklame Steele Nord Dakota um 1900

Schon Mitte des 19. Jahrhunderts hatte man damit begonnen, die Geschichte der Deutschen in den USA zu erforschen und den quantitativen Anteil der deutschstämmigen Bevölkerung zu ermitteln. Dabei wurden, wie eingangs ausführlich dargelegt worden ist, grundsätzlich praktisch alle Einwanderer berücksichtigt, die bei ihrer Ankunft Deutsch als Muttersprache gehabt hatten, also auch (Deutsch-)Schweizer, Elsässer oder Deutsche aus Böhmen, Russland-Deutsche oder eben auch deutschsprachige Juden aus Osteuropa (die fest im deutschen Kulturkreis verwurzelt waren).

Die Bedeutung der Deutschamerikaner zeigt sich exemplarisch an den Olympischen Spielen von 1904 in St. Louis. St. Louis, ein rasant gewachsener Verkehrsknotenpunkt, hatte in jener Zeit etwa 600.000 Einwohner (mithin etwa doppelt so viele wie heute!) und war damit die viertgrößte Stadt der USA. Etwa zehn Prozent der Einwohner waren noch in Deutschland geboren, weit größer war der Anteil mit deutschstämmigen Eltern. Allerdings war er damals schon nicht mehr so hoch wie um 1880, als fast die Hälfte der Kinder an öffentlichen Schulen in St. Louis deutscher Herkunft gewesen waren, oder wie in den 1860er Jahren, als die Deutschen in St. Louis maßgeblich dafür sorgten, dass der Bundesstaat Missouri nicht zu den Konföderierten übertrat. In St. Louis hatte Carl

Schurz gewirkt, dort war der Stammsitz der Brauerei Anheuser-Busch und dort hatte auch Pulitzer seine Karriere begonnen.

Die Olympischen Spiele fanden im Sommer 1904 im Windschatten der Weltausstellung statt. Unter den amerikanischen Sportlern befanden sich komplette Teams von Deutschen bzw. Deutschstämmigen. Offizieller Vertreter des Weltausstellungskomitees war der 1849 in Bad Ischl geborene Joseph Brucker, der 1871 in die USA gekommen war und als Direktor des Deutsch-Amerikanischen Vereins fungierte.[166]

Vor allem in der Leichtathletik und im Turnen prägten Deutschamerikaner das Bild der Mannschaft der USA. Der dreimalige Goldmedaillengewinner in den Laufwettbewerben, *Charles Archibald „Archie" Hahn* (1880–1955), stammte aus dem deutsch-amerikanischen Zentrum Milwaukee, sein gleichnamiger Vater war 1859 in Preußen geboren worden. Sieger im Weitsprung und im Dreisprung war *Meyer Prinstein* (1878–1925). Er hatte in Kongresspolen als Kind einer jiddischen Familie das Licht der Welt erblickt und war mit fünf Jahren nach New York gekommen.

Eine Art binnendeutsche Veranstaltung waren die Turnwettbewerbe, bei denen die ersten drei Ränge bei den Mannschaftskämpfen von der „Philadelphia Turngemeinde", dem „New York Turnverein" und dem „Central Turnverein Chicago" eingenommen wurden. Julius Lenhart, Goldmedaillengewinner im Einzelwettbewerb (1975–1982), war in Wien zur Welt gekommen und 1903 nach Philadelphia gegangen, kehrte aber bald nach den Spielen nach Österreich zurück und reklamierte deshalb später seinen Titel für Österreich. In seiner Mannschaft aus Philadelphia, die letztlich den Titel holte, turnten außerdem: Max Hess, Philipp Kassel, John Grieb, Ernst Reckeweg und *Anton Heida*. Letzterer war 1878 in Prag zur Welt gekommen, wo es eine starke deutschsprachige Gemeinde gab. Mit fünf Siegen und einer Silbermedaille war er der Rekordgewinner der Spiele. Erst Tage vor den Wettkämpfen hatte er die österreichische gegen die amerikanische Staatsbürgerschaft eingetauscht. Über sein Leben nach 1904 ist praktisch nichts bekannt. *George Eyser* (1870–1919),

166 Lennartz, S. 28. Die Spur Bruckers verliert sich nach 1920 in San Francisco.

zweifacher Gewinner und Mitglied des „St. Louis Turnverein", war gebürtiger Kieler – die Liste ließe sich fortsetzen.[167]

Das nur siebzehnköpfige Team aus dem Deutschen Reich wurde in St. Louis maßgeblich vom Brauereibesitzer Adolphus Busch unterstützt.

Zwischen 1900 und 1910 lag der deutschstämmige Bevölkerungsanteil relativ konstant bei einem Viertel der US-Bürger (1900: 18 von 75 Millionen, 1910: 23 von 92 Millionen) und damit fast gleichauf mit den Bürgern britischer Herkunft, den Angloamerikanern (1900: 20 Millionen, 1910: 25 Millionen).[168] Hochburgen deutschsprachiger Einwanderer waren damals vor allem New York und Chicago, dazu kamen ländliche Schwerpunkte im Nordosten und Mittleren Westen der USA.

Der Kriegsausbruch 1914 führte dann jedoch in vieler Hinsicht zu einem regelrechten Bruch. Der Konflikt brach nicht sogleich in aller Schärfe auf, zunächst ging es dabei vordergründig lediglich um Fragen der Sympathie für die Kriegsgegner in Europa. Die US-Regierung hatte das Land am 19. August 1914 für neutral erklärt. Politisch galt der Krieg als europäische Angelegenheit, in die man sich nicht hineinziehen lassen wollte, mochten auch die meisten Bürger zu Großbritannien halten. Die größere Anhänglichkeit an England erklärt sich nicht nur demografisch und genealogisch (so stark die Deutschen in den USA auch waren, so waren doch rund drei Viertel der Gesamtbevölkerung nicht deutsch), sondern auch durch die traditionell starke politische Bindung an Großbritannien. Die Gegnerschaft Großbritanniens zum Deutschen Reich sollte sich in der Folge verheerend für Deutsch-Amerika auswirken, denn die britische Propaganda war außerordentlich erfolgreich.

Gegen die Gefahr einer solchen Entwicklung stellte sich die deutschamerikanische Bevölkerung anfänglich blind. Viele Kommentatoren in den zahlreichen und weit verbreiteten deutschsprachigen Zeitungen ließen ihrem Patriotismus für Deutschland freien Lauf und bejubelten die angeblich überlegene deutsche Kultur und die deutschen Kriegsziele in Europa. Die Kriegs-

167 Zu St. Louis 1904 vgl. Kluge, S. 120–166.

168 Tolzmann 2000, S. 268ff.

begeisterung war im Sommer 1914 unter Deutschamerikanern kaum geringer als unter Berlinern. Sie waren (wie es schon Carl Schurz gewesen war) der Ansicht, die Liebe zur alten Heimat schlösse die zur neuen nicht aus, und pflegten so einen deutsch-amerikanischen Doppelpatriotismus, der auch naive Deutschtümelei erlaubte.

Entscheidend für eine frühe kritische Haltung der Vereinigten Staaten gegenüber dem Deutschen Reich wurden zwei Ereignisse: Zum einen hatte der Einmarsch deutscher Truppen in Belgien im August 1914 die belgische Neutralität missachtet. Zum anderen versenkte im Mai 1915 ein deutsches U-Boot den britischen Luxusdampfer „Lusitania“. Der hatte zwar auch Munitionslieferungen an Bord, aber bei dem Angriff starben auch 128 Männer, Frauen und Kinder aus den USA. Besonders die Kämpfe des Jahres 1914 im besetzten Belgien wurden von der Propaganda der Entente (Frankreich, Russland, Großbritannien) geschickt verwertet und kosteten die Mittelmächte (Deutsches Reich, Österreich-Ungarn) viele Sympathien in den USA. Vorerst jedoch waren die Kräfte, die einen Kriegseintritt der USA ablehnten, noch stark genug, zumal auch die irisch- und skandinavischstämmigen US-Bürger eher prodeutsch eingestellt waren.

Die militärische Neutralität wiederum änderte nichts daran, dass die USA die Entente mit Waffenlieferungen und Wirtschaftshilfen unterstützten. Bald schon wurde das Land praktisch zur Waffenschmiede und zum Bankhaus der Entente – was die Weichen für den späteren Kriegseintritt stellte.

In diesen Zusammenhang gehört ein bislang wenig beachtetes Kapitel deutsch-amerikanischer Beziehungen: In Anbetracht dessen, dass es kaum ein wirksames Mittel zum Unterbinden der amerikanischen Unterstützung für den Kriegsgegner gab, leitete das kaiserliche Deutschland mit geheimdienstlichen Mitteln Sabotageakte gegen Munitions- und Waffenfabriken in die Wege. Der deutsche Marineattaché Karl Boy-Ed (1872–1930), der Handelsattaché Heinrich Albert (1874–1960) und der Militärattaché Franz von Papen (1879–1969) organisierten diese geheimen Operationen.

Die Explosion von „Black Tom“ war der wohl größte Erfolg dieser Aktionen: Am 30. Juli 1916 ging der Umschlags- und Lagerplatz für Munition, die nach Europa verschifft werden sollte, auf Black Tom Island in New Jersey in die Luft. Die Explosion verursachte ein Erdbeben der Stärke von 5,0 bis 5,5 und war noch in Philadelphia zu spüren. Insofern ist die Zahl von sieben Todesopfern als ausgesprochen gering zu werten. Der materielle Schaden betrug nach damaligen Maßstäben 20 Millionen Dollar, nach gegenwärtigen wäre er im Milliardenbereich anzusiedeln.[169] Zwar konnten die deutschen Ursprünge solcher Anschläge damals nie richtig bewiesen werden. Indes zeigen Vorfälle dieser Art, dass die wilden Spionagevorwürfe gegen deutschstämmige Bürger, die nach dem amerikanischen Kriegseintritt wucherten, nicht einfach aus der Luft gegriffen waren.

Der Erfolg der Sabotageakte blieb gering. Da es nie gelang, die Entente von ihrer Unterstützung aus Übersee abzuschneiden, die Briten hingegen mit ihrer Seeblockade deutscher Handelshäfen Erfolg hatten und überdies 1916 ein deutsches Friedensangebot ablehnten, fiel 1917 die Entscheidung der deutschen Führung zum uneingeschränkten U-Boot-Krieg. Ab dem 1. Februar 1917 versenkten deutsche Torpedos Handels- und Passagierschiffe ohne jede Warnung, auch solche aus neutralen Staaten. Dies brachte schließlich, wie zu erwarten, die Kriegserklärung der USA, die schon am 6. April erfolgte, und sollte sich schon bald zur Katastrophe für die Deutschamerikaner auswachsen.

Es kam zu einer antideutschen Hysterie und eine regelrechte Welle der Verfolgung schwappte über die Deutschamerikaner. Viele deutsche Orts- und Straßennamen wurden anglisiert, Bach und Beethoven aus den Konzertprogrammen gestrichen, Bibliotheken geschlossen und Bücher verbrannt. Es kam zu Aufrufen, deutsche Waren wie Wurst und Bier zu boykottieren, Sauerkraut wurde in *liberty cabbage* („Freiheitskohl") umgetauft und Schulunterricht in deutscher Sprache quasi verboten. In Cincinnati warf man Hanns Kuhnwald, den Dirigenten des Cincinnati Symphony Orchestra, ins Gefängnis – nur weil er gebürtiger Deutscher war. In Ashland, Wisconsin, entführte ein randalierender Mob einen deutschen Professor des Northland College und teerte und federte ihn. Einige Menschen wurden sogar gelyncht.[170] Den Hunnen *(„Huns"),*

169 https://de.wikipedia.org/wiki/Black-Tom-Explosion, abgerufen 8.12.2015, Mason und Witcover.

170 https://www.schrc.org/wp-content/uploads/2019/12/9.-Anti-German-Hysteria-in-Wisconsin-reduced.pdf

als welche die Deutschen nun verhetzt wurden, traute man alles zu. Die Germanophobie erreichte so ein Ausmaß, dass es genügte, deutsch zu reden, um als illoyaler Einwanderer dazustehen. Für viele Familien war es nun mehr als ratsam, eine deutsche Abstammung geheim zu halten.

Abb. 40: Karikatur „Wrong Food for our Children", gegen den Schulunterricht in deutscher Sprache

Der Verlust an Einfluss der Deutschamerikaner zeigte sich auch in der Frage der Prohibition. Vor 1900 hatte es zwei große kulturelle Komplexe gegeben, bei denen englisch-puritanische Traditionen gegen deutsche Bräuche standen.

Der eine Bereich war die Frage der Sonntagsheiligung, in der sich letztlich der deutsche Standpunkt einer lockeren Handhabung mit Picknick-Ausflügen und Tanzvergnügen gegen die totale puritanische Sonntagsruhe durchsetzte.[171]

171 Blaschke, S. 172f.

Der andere war die Frage des Umgangs mit Alkohol. Nur war zwar die Prohibition nicht bloß Ausdruck eines Konflikts zwischen puritanischem und deutschem Brauchtum. Denn Alkoholgegner, die sich in einer Bewegung für Enthaltsamkeit vereinten, gab es schon seit Mitte des 19. Jahrhunderts, und dies mit gutem Grund: Die Deutschen hatten das Bier, die Iren den Whiskey mitgebracht und eigene Trinkgewohnheiten etabliert. Regelmäßig kam es nach der Lohnauszahlung zu Saufereien und Ausschreitungen. Männer hielten sich in der Kneipe statt zuhause auf, tranken so viel, dass sie anderntags nicht arbeiten konnten, schlugen ihre Frauen und Kinder. Jedoch nährte dies nicht nur Sorgen über den moralischen und sozialen Verfall der amerikanischen Gesellschaft, sondern auch Anti-Einwanderer-Stimmen. Beide Tendenzen konnten sich zu einem offensiven antideutschen Ressentiment vereinen, als die USA dem Wilhelminischen Kaiserreich den Krieg erklärten. Praktisch alle großen Brauereien befanden sich in deutscher Hand. Der Bierkonsum war damit sozusagen eine deutsche Angelegenheit geworden. So war es dann nur folgerichtig, dass mit dem 18. Zusatzartikel zur Verfassung vom 18. Dezember 1917 das Verbot des Alkohols durchgesetzt werden sollte. Dieser Schritt war eigentlich erst dadurch möglich geworden, dass der deutsch-amerikanische Einfluss marginalisiert worden war.

In Reaktion auf die antideutsche Hysterie versuchten deutsche Meinungsführer, durch proamerikanische Stellungnahmen die öffentliche Meinung über die Deutschen zu bessern. Zeitungen, die sich 1914 in deutschem Kriegspatriotismus geübt hatten, besannen sich nun, von Zensur und Verbot bedroht, auf ihre amerikanischen Pflichten. Der Präsident der Evangelischen Synode von Nordamerika, eben noch ein vehementer Kritiker Englands, forderte gleich nach dem amerikanischen Kriegseintritt die jungen Deutschamerikaner auf, sich mit „edler Begeisterung" für den Krieg gegen Deutschland freiwillig zu melden. Die Wendemanöver verfingen nicht. Die deutsche Kultur verlor unwiederbringlich den Rang, den sie in den USA besessen hatte. Dabei beteiligten sich deutschstämmige Amerikaner in hervorgehobener Position am militärischen Expeditionskorps, das 1918 an der Westfront eintraf. Der Oberkommandierende *John J. Pershing* (1860–1948) etwa blickte väterlicherseits auf Friedrich Pfoerschin bzw. Persching zurück, der 1749 in Philadelphia angekommen war. Das Fliegerass der Amerikaner, *Edward Vernon Rickenbacker* (1890–1973), dessen Eltern aus der Region um Basel stammten, war als Richenbacher geboren wurde. Seine Namensänderung, die er aufgrund der anti-deutschen Stimmung im Lande für nötig hielt (und bei der er sich auch seinen zweiten Vornamen zulegte), kann als Beispiel für die Anglisierungen der Familiennamen in jenen Tagen gelten.[172]

Wie sehr eine deutschlandkritische Grundhaltung zunächst infolge des Ersten Weltkrieges und dann noch stärker 1933 nach der Machtergreifung der Nazis um sich griff, verdeutlichen Gedankenexperimente wie der „Morgenthau-Plan", der eine vollständige De-Industrialisierung Deutschlands nach dem Sieg über Hitler vorsah. Sein Urheber, *Henry Morgenthau jun.* (1891–1967), war immerhin Sohn eines in Mannheim geborenen Unternehmers Henry Morgenthau sen. (1856–1946). Jener war im Ersten Weltkrieg als amerikanischer Botschafter im Osmanischen Reich Zeuge des Völkermords an den Armeniern gewesen.

Der Bruch der Jahre 1917 bis 1919 war gewaltig. Es war eine traumatische Phase in der deutschamerikanischen Geschichte. Sie erhöhte den Assimilationsdruck und beschleunigte die Auflösung der deutschen Kultur in der amerikanischen Gesellschaft. Der Sonderstatus, den deutsche Sprache und deutsches Brauchtum in St. Louis, Chicago, Indianapolis und vielen anderen Städten mit starkem deutschen Bevölkerungsanteil im vorangegangen Jahrhundert hatten erringen können, war verloren. Die antideutsche Hysterie mit ihren Exzessen blieb immerhin nur eine Episode, eine kurze zudem. Schon in den frühen 1920er Jahren gelang es, gerichtlich gegen Benachteiligungen vorzugehen. Im Prozess „Meyer versus Nebraska" wurde 1923 das Verbot, Schulkinder auf Deutsch zu unterrichten, aufgehoben und damit fielen nun auch bald die anderen Beschränkungen für die Deutschamerikaner.

Mit *Herbert Hoover* (1874–1964), der sich nach dem Krieg einen Namen durch die Organisation eines Hilfsprogramms für Europa im Allgemeinen und Deutschland im Besonderen gemacht hatte, wurde nun sogar erstmals

172 Tolzmann 2000, S. 292.

ein Abkömmling deutscher Auswanderer Präsident der Vereinigten Staaten (1929–1933).

Die Entwicklung in Europa führte zudem der Öffentlichkeit vor Augen, dass der Erste Weltkrieg keineswegs als das Schwarz-Weiß-Gemälde betrachtet werden konnte, das die Entente-Propaganda entworfen hatte.

Auch die Einwanderung aus Deutschland war nur kurz zum Erliegen gekommen und setzte schon bald nach 1920 wieder ein. Der „Immigration Act" von 1924, der Inder, Chinesen, Japaner und andere Ostasiaten als „unerwünscht" aussperrte und die Einwanderung aus Süd- und Osteuropa zurückdrängen sollte, bevorzugte zwar durchaus Skandinavier und Deutsche, da „nordische" Zuwanderer rassenideologisch als wertvoller galten. Weil aber das Gesetz von der Furcht vor Überfremdung getragen war, stand für Nordeuropäer die Tür nicht einfach offen. Für sie und mithin auch für Deutschland sah der Immigration Act Quoten vor – die deutsche Einwanderer nur ein einziges Mal auszuschöpfen vermochten: 1938, das war das Jahr, in dem die planvolle Zwangsenteignung der Juden in Nazideutschland begann. Doch selbst nach den Novemberpogromen von 1938 wurden die Einreisegesetze nicht liberalisiert.

Der europäische Anteil an der Gesamteinwanderung lag in den zwanziger Jahren anfangs bei jeweils knapp über der Hälfte, um ab 1929 auf zwei Drittel anzusteigen. Unter den europäischen Einwanderern war dabei der deutsche Anteil zunächst noch bei etwa einem Drittel, um ab 1930 auf unter ein Fünftel zu fallen.

So kam es in den 1930er Jahren zu einer bemerkenswerten Entwicklung. In der ersten Zeit nach der Machtergreifung der Nationalsozialisten in Deutschland suchten ausgebürgerte oder geflohene Exilanten ihr Heil zunächst mehrheitlich im europäischen Ausland. Unter denen, die in die USA gingen, war der Anteil aus intellektuellen und künstlerischen Berufen besonders groß. Prominente Emigranten wie *Albert Einstein, Marlene Dietrich, Thomas Mann* und viele andere korrigierten das Bild der Deutschen in der Öffentlichkeit und machten damit zugleich deutlich, dass die Formel „Deutsch = Nazi" keineswegs aufging.

Schon durch diese vielen Emigranten wurde für eine starke Antinazistimmung im Land gesorgt und auch unter den Deutschamerikanern blieben deren Anhänger eine verschwindend geringe Minderheit. Der Amerikadeutsche Volksbund *(German American Bund)*, eine Pro-Hitler-Organisation in den USA, konnte zwar noch am 20. Februar 1939 mehr als zwanzigtausend Leute für eine faschistische Kundgebung im Madison Square Garden zusammentrommeln.[173] Aber die Veranstaltung, die sich notgedrungen als Massendemonstration nicht für Deutschland, sondern für „wahren Amerikanismus" deklariert hatte, war nur ein Aufbäumen des Bundes. Die Mitglieder liefen ihm davon und sein Führer landete noch im selben Jahr wegen Fälschung und Veruntreuung im Gefängnis.

Politisch gab es in den USA zwei Strömungen: eine neutralistische, die darauf beharrte, sich aus den Händeln Europas komplett herauszuhalten (Joseph Kennedy), und auf der anderen Seite – wie im Ersten Weltkrieg, diesmal allerdings mit erheblich größerer Berechtigung – eine probritische, die alles Erdenkliche zur Unterstützung Großbritanniens und zur Eindämmung Nazideutschlands unternehmen wollte. Durch die Präsidentschaft Franklin D. Roosevelts (1933–1945) war letztere eindeutig die tonangebende Partei geworden.

Zwar kann man durchaus von einer antideutschen Stimmung sprechen und es kam auch wieder zu Internierungen (von etwa 11.000 deutschstämmigen Amerikanern, das waren sogar mehr als die 6.300 nach 1917).[174] Bemerkenswert an dieser ganzen Entwicklung ist jedoch, dass es zu praktisch keinem Zeitpunkt zu ähnlichen Exzessen gegen Deutsche kam wie während des Ersten Weltkriegs. Nun trafen administrative Maßnahmen besonders die Japaner. Ihr Überfall auf Pearl Harbour löste eine Welle antijapanischer Fremdenfeindlichkeit aus. Rund 120.000 japanischstämmige Personen wurden interniert.

Deutschamerikaner taten in der US-Army Dienst und bekleideten auch höchste Ränge. Ihr prominentester Vertreter, *Chester W. Nimitz* (1885–1966), dessen Großvater aus Bremen stammte, brachte es zum Flottenadmiral und Oberbefehlshaber der Streitkräfte auf dem pazifischen Kriegsschauplatz. Luftwaffengeneral *Carl A. Spaatz* (1891–1974), der die Einsatzbefehle für die

173 Der siebenminütige Dokumentar-Kurzfilm „A Night at The Garden" (2017) von Marshall Curry zeigt mit Archivaufnahmen die Mischung aus proamerikanischen Lippenbekenntnissen, antisemitischer Hetze und nationalsozialistischer Choreografie. Der Film ist auf Youtube und anderen Videoportalen im Internet zu sehen.

174 Tolzmann 2000, S. 334.

Atombombenabwürfe über Hiroshima und Nagasaki gab, hatte pennsylvania-deutsche Vorfahren.

Auch die zahlreichen deutschen Kriegsgefangenen in den Staaten trugen durchaus zu einem positiven Bild für beide Seiten bei. Sie wurden bis zur deutschen Kapitulation so zuvorkommend behandelt, dass es für etliche nach ihren Selbstzeugnissen die beste Zeit ihres Lebens war. Entsprechend meldeten sich Tausende von ihnen gegen Kriegsende als Freiwillige für den Kampf gegen die Japaner, wofür man sie dann aber doch nicht einsetzen wollte.[175]

Aber nicht nur die Deutschen, die in die USA kamen, hatten einen guten Eindruck vom Land, sondern bemerkenswerterweise betrachteten auch die in Europa stationierten GI's das besetzte Deutschland zumeist eher positiv. Ein Bericht aus dem März 1946 beschreibt die Situation folgendermaßen: „*Annähernd vier von fünf zurückgekehrten Soldaten ziehen Deutschland den alliierten Ländern vor, die sie gesehen hatten … Die Deutschen scheinen ihm (dem GI) nun weniger fremd als irgendein anderes Volk, ja sogar als die Engländer. Er kam mit der Idee nach England, daß er dort Leute finde, die ähnlich wie er seien. Das Ergebnis war aber sehr überraschend, denn über die bestehenden Differenzen zwischen dem amerikanischen und britischen Charakter war er verärgert. In Deutschland dagegen erwartete er erhebliche Wesensverschiedenheiten, und dann konstatierte er mit Vergnügen so viele Ähnlichkeiten … Kommt der GI heim, so hat er eigentlich das Gefühl, daß ihm der Feind näher steht als seine Alliierten, und er kommt zu Millionen zurück und wird seine Meinung in jeden Winkel der Vereinigten Staaten mitnehmen.*“[176]

In den Nachkriegsjahren verbanden dann zwei Entwicklungen Deutschland mit den USA. Einerseits ein erneuter Anstieg der Einwanderung aus Deutschland. Diese letzte große Auswanderungswelle führte zwischen 1947 und 1970 noch einmal über eine dreiviertel Million Deutsche über den Atlantik. In der Dekade von 1950–1959 kamen 576.905 Menschen aus Deutschland, in der darauffolgenden von 1960–1970 immerhin noch 220.248; zusammen

175 Overmans, S. 437.

176 Reader's Digest vom März 1946, zit. in: Ruhl S. 96.

also etwa 800.000.[177] Sodann ist die massive humanitäre Hilfe für das zerstörte Deutschland aus den USA zu erwähnen, erst die Hungerhilfe im Winter 1946/57, anschließend die Unterstützung beim Wiederaufbau der Westzonen und der jungen Bundesrepublik. Spätestens seit der Berlinblockade 1948/49 stand Westdeutschland dann nicht mehr für Nazis und Krieg, sondern für die Verteidigung der Freiheit gegen den Kommunismus. Bei der Versorgung Westberlins aus der Luft kamen sich ehemalige Kriegsgegner nicht nur näher, sondern lernten sich schätzen und achten.

Deutsch-amerikanischer Herkunft zu sein, war nun kein Makel mehr und im Laufe der Jahrzehnte bekam dieses Merkmal sogar wieder einen ausgesprochen positiven Klang.

Mit dem ehemaligen Weltkriegsgeneral *Dwight D. Eisenhower* (1890–1969) wurde nach Herbert Hoover zum zweiten Mal ein deutschstämmiger Amerikaner Präsident der USA (1953–1961). Sein Vorfahre Hans Nicholas Eisenhauer war 1741 aus dem Rheinland in die USA gekommen. Der Fürther Jude *Henry Kissinger* (* 1923), der mit seinen Eltern 1938 floh, wurde einer der bekanntesten Außenminister der USA und legte seinen fränkischen Zungenschlag nie ab. Einer seiner Nachfolger im Amt wiederum, *Donald Rumsfeld* (1932–2021), konnte väterlicherseits auf Einwanderer aus dem Niedersächsischen zurückblicken.

Zudem brachte das Kriegsende viele Spezialisten in die USA, deren Know How sich die amerikanische Regierung zunutze machen wollte. Der Kalte Krieg, der Kampf der liberalen Demokratien gegen den Kommunismus, warf seine Schatten voraus. Großzügig sah man über die nationalsozialistische Verstrickung der deutschen Wissenschaftselite hinweg und verbarg deren NSDAP- oder SS-Vergangenheit vor der amerikanischen Öffentlichkeit. Wichtig war, die Wissenschaftler dem Zugriff der Sowjetunion zu entziehen. Besonderes Augenmerk lag auf Hitlers Raketenexperten, die man erst internierte und dann für die amerikanische Forschung rekrutierte. Exemplarisch sei hier *Wernher von Braun* (1912–1977) genannt, der das Apollo-Mondlandungsprojekt der USA leitete.

177 http://referendar.wordpress.com/2007/09/10/ein-wenig-statistik-deutsche-einwanderung-in-die-usa-1820-1970/, abgerufen 13.12.2013.

Die 1960er Jahre können zugleich auch als eine Art Abschluss der deutsch-amerikanischen Einwanderungsgeschichte gelten, denn aufgrund veränderter Einwanderungsgesetzgebung veränderte sich deren Charakter fortan vollkommen.

Zusammenfassung und Ausblick

Zusammenfassend lässt sich feststellen: Anders als Spanier, Portugiesen oder Engländer hatten Deutsche kein Auswanderungsland, das sie schon deswegen bevorzugen konnten, weil sich dort auch ihre Sprache allgemeingültig durchsetzte. Frankreich nahm in dieser Frage eine Mittelstellung ein, denn in Nordamerika besaß es mit der Provinz Quebec wenigstens ein ihm zugehöriges frankophones Territorium, und auch in anderen Teilen seines überseeischen Kolonialreichs setzte sich das Französische als Amtssprache durch. Die Holländer etablierten immerhin Afrikaans in Südafrika. Italienern, Iren, Schotten, Skandinaviern oder Osteuropäern ging es dagegen ähnlich wie den Deutschen.

Aber trotz dieser Ausgangslage gab es ein Land, das zu jeder in Frage kommenden Zeit das (überseeische) Auswanderungsland schlechthin der Deutschen war: Nordamerika. Dabei handelte es sich zunächst um die Kolonien New York, Pennsylvania, Maryland und Virginia, später dann fast um die gesamten Vereinigten Staaten von Amerika, mit Schwerpunkt im Nordosten und dem Mittleren Westen. Auch hier gibt es Parallelen zu den nord- und etlichen osteuropäischen Ländern, für die die Vereinigten Staaten ebenfalls Auswanderungsziel Nummer Eins waren; allerdings strömten deutsche Auswanderer in erheblich größerer Zahl über den Atlantik und konnten so der Neuen Welt ihren Stempel auch viel deutlicher aufprägen.

Mehrere wellenförmig verlaufende Phasen lassen sich beobachten. Deutsch wurde allerdings zu keinem Zeitpunkt in irgendeiner Region zur allein bestimmenden Sprache, denn gerade in der entscheidenden Frühphase der Genese des amerikanischen Volkes überwog das englische Bevölkerungselement bei weitem und sämtliche Kolonien wurden von der englischen Krone zusammengeführt.

Eine *erste Welle*, zumeist unter holländischer oder schwedischer Führung, erreichte ihren Höhepunkt mit der Gruppensiedlung in Neu-Schweden und betraf auch praktisch nur diese Kolonie sowie Neuniederland. Datieren lässt sie sich etwa auf die Zeit zwischen den 1620er und den 1660er Jahren.

Eine Masseneinwanderung war dies freilich nicht. In Massen strömten während der ersten Einwanderungsphase in die Kolonien im 17. Jahrhundert nur die Engländer, nämlich während der Wirren des englischen Bürgerkriegs. Diese Zuwanderung maß in Zehntausenden und übertraf damit die Zahl der bereits im Lande wohnenden Europäer deutlich. Es blieb die einzige Zeit, in der mehr neue Kolonisten nach Nordamerika kamen, als dort lebten. Nach dem späten 17. Jahrhundert war das Hauptbevölkerungswachstum dagegen immer im Land selbst zu verzeichnen, selbst als ab 1840 Millionen Neuankömmlinge eintrafen, waren sie nie in der Mehrheit gegenüber den schon im Lande Lebenden.

Die *zweite Welle* deutscher Einwanderung kam zu spät, um den Nukleus des amerikanischen Volkes noch so zu verändern, dass er seine die englische Prägung hätte verlieren können. Diese Welle setzte erst ein, als die erste praktisch schon vollkommen assimiliert war. Es war die Masseneinwanderung der „Pfälzer", die in der Mitte des 18. Jahrhunderts ihren Höhepunkt hatte und zeitlich etwa zwischen 1710 und 1780 angesiedelt werden kann. Auch diese Welle betraf vorwiegend einzelne Kolonien: New York und Pennsylvania sowie die westlichen Grenzregionen in Virginia und den beiden Carolinas, später auch Georgia. Diese Einwanderungswelle der *Palatines* nahm in vielen Punkten bereits vorweg, was ein Jahrhundert später zur Regel werden sollte. Deutsche wurden zur größten Einzelgruppe aller neu ins Land strömenden Siedler. Zudem entstanden nun regelrechte deutsche Siedlungen und vor allem die mittleren Kolonien und hier insbesondere Pennsylvania und das westliche Virginia wurden in erheblichem Maße von Deutschen geprägt. Das Abflauen der deutschen Einwanderung nach 1760 führte dann allerdings dazu, dass auch die *Palatines* sich der neuen Umwelt anpassten und der größte Teil relativ bald zur englischen Sprache wechselte. Immerhin bewahrten einzelne Gruppen, wie z. B. die Amish, bis heute ihre Muttersprache.

Für die ersten deutschen Siedler, die vorwiegend aus dem niederdeutschen Raum stammten, war die englische Sprache ein leicht zu überwindendes Hindernis, für die nächste Siedlergeneration aus dem hochdeutschen Sprachgebiet dagegen war diese Hürde etwas höher. Immerhin ist es auffällig, dass die noch heute existierenden deutschen Sprachinseln ausnahmslos das Hoch-Deutsche und dessen Dialekte verwenden.

Als die nordamerikanischen Kolonien unabhängig wurden, waren etwa zehn Prozent der Amerikaner deutschstämmig. Diese – geschätzte – Zahl muss als absolute Untergrenze gelten, wie oben gezeigt werden konnte. Zudem ist bei ihr zu berücksichtigen, dass im damals noch so bedeutenden Neuengland fast überhaupt keine Deutschen lebten, so dass ihr Anteil in den wichtigen mittleren Kolonien erheblich höher war.

Die zweite Einwanderungsphase zählte schon nach Hunderttausenden. Dabei lässt sich der Anteil der Deutschen und Iren einigermaßen gut bestimmen, während eine Aufteilung nach Engländern, Schotten und Walisern nur geschätzt werden kann. Nach 1780 kam die deutsche Einwanderung allerdings für die gesamte Epoche der Napoleonischen Kriege praktisch zum Erliegen. Die Iren setzten sich in dieser Zwischenzeit, bis zur nächsten Einwanderungswelle aus Deutschland, an die Spitze.

Die Einwanderer der *dritten deutschen Welle* trafen somit ebenfalls auf weitgehend assimilierte Vorgänger aus dem deutschen Sprachraum. Der Zustrom begann langsam in den 1830er und verstärkte sich sprunghaft in den 1840er Jahren, um dann kontinuierlich bis etwa 1900 anzusteigen.

Ergebnis dieser Einwanderungswelle war eine reichhaltige deutsch-amerikanische Kultur zum Ende des 19. und zu Beginn des 20 Jahrhunderts. Die deutsche Sprache stand im ganzen Land in hohem Ansehen, deutsche Musik, Kunst und Wissenschaft wurden allgemein geachtet, deutsches Handwerk sowieso, und in der deutschen Community besann man sich auf die eigene Geschichte und focht selbstbewusst in kulturellen Konflikten mit anderen ethnischen Gruppen. Allerdings besaß die deutsch-amerikanische Ethnie nie eine solche Homogenität wie bspw. die der Iren oder der Italiener. Insbesondere die unterschiedliche konfessionelle Gebundenheit unter den Deutschamerikanern erzeugte teilweise sehr divergierende Interessen.

Regional gab es weiterhin eindeutige Schwerpunkte. Mit jeder Welle kamen neue Regionen hinzu: Von New York und Pennsylvania ausgehend, hatte sich die deutsch-amerikanische Gruppe über Virginia zunächst nach Kentucky, Tennessee und insbesondere Ohio sowie Indiana vorgeschoben. Von dort ging es weiter, sodass im 19. Jahrhundert nun fast der gesamte mittlere Westen mit seinen hervorragenden Ackerböden auf den Great Plains erschlossen wurde. Gerade in den neu besiedelten Provinzen wie Illinois, Wisconsin, Minnesota, Iowa, Kansas, Nebraska und den beiden Dakotas stellten Deutsche bald sogar absolute Mehrheiten. Städtische Schwerpunkte neben New York und Philadelphia bildeten nun vor allem Chicago und St. Louis. Gemeinsam mit etlichen Skandinaviern wurden Deutsche bestimmend für die Herausbildung des amerikanischen Herzlandes, der ländlichen Regionen des Mittleren Westens.

Die dritte Einwanderungsphase verzehnfachte die Zahl der Neuankommenden und erreichte nun Millionenstärke. Dabei lagen Deutsche quantitativ zudem bei den Einwanderern unangefochten auf dem ersten Platz, gefolgt von Iren und Briten.

Dementsprechend sind, gemessen in absoluten Zahlen, von 1607 (der Gründung Jamestowns) bis 1900 wesentlich mehr Deutsche in Nordamerika eingewandert als Menschen aus irgendeiner anderen Nation. Weil aber das Bevölkerungswachstum im Lande (abgesehen von einer kurzen Zeit im 17. Jahrhundert) größer war als die Einwanderung von außen, erreichten Deutschstämmige nie die absolute Mehrheit der Bevölkerung. Auch kulturell waren sie eben nur eine Gruppe unter mehreren anderen.

Der Fall kam dann fast auf dem Höhepunkt. Auch wenn bereits vor dem Ersten Weltkrieg ein Nachlassen der Einwanderung zu beobachten gewesen war, so kam doch das, was sich nach 1917 abspielte, für Deutsch-Amerika vollkommen überraschend. Ohne den Kriegseintritt hätte sich der Geltungsverlust deutscher Kultur in den USA nicht so rasant und radikal vollzogen.

Dabei hatte die Ausgangslage gar nicht schlecht ausgesehen. Neben der deutschen war nämlich auch die zweitstärkste ethnische Gruppe, die der Iren, den Mittelmächten gegenüber eher positiv eingestellt. Präsident Woodrow Wilson, der von sich bekannte, er habe Deutschland immer verabscheut, war jedoch eindeutig pro-britisch, und das war wohl auch die Mehrheit der politischen Kaste. Zudem waren die USA bald so sehr wirtschaftlich mit der Entente verflochten, dass sie deren Niederlage praktisch nicht hinnehmen konnten. Die Pogrome nach der amerikanischen Kriegserklärung, die Ächtung deutscher Kultur und Sprache werden für immer ein dunkler Fleck der Geschichte der

USA bleiben. Vor allem bedeuteten sie jedoch einen regelrechten Kollaps des deutsch-amerikanischen Selbstbewusstseins.

Zwar gab es in den 1920er Jahren einige Teilerfolge für die Deutschamerikaner, die ihnen Reputation zurückbrachte, aber eine offizielle Rehabilitierung erfolgte nie. Und 1933 war Deutschland dann schon wieder zum Feindbild geworden und es stand jederzeit ein erneuter Ausbruch von Feindseligkeiten, wie während des Ersten Weltkrieges, zu erwarten.

Tatsächlich wiederholten sich im Zweiten Weltkrieg zwar Internierungen, es unterblieben aber wilde Verfolgungen – unter anderem auch, weil die sichtbaren Ziele fehlten, denn die große Präsenz des deutschen Elements im öffentlichen Raum war ja schon im Krieg vorher beseitigt worden waren, worauf Heinrich Tolzmann hingewiesen hat. Ebenso unterblieb die massenhafte Umsiedlung, wie sie Militärkreise wünschten. Aus Furcht vor Spionage und Sabotage wurde erwogen, Deutsche und Italiener in großem Stil von der strategisch empfindlichen Ostküste zu entfernen, wie man es für die Westküste mit den Japanern getan hatte. Doch entsprechende Vorschläge stießen auf die Ablehnung des Präsidenten, der es allenfalls billigte, wenn einzelne Individuen von solchen Maßnahmen betroffen waren.

Franklin Delano Roosevelt kann in vielem als eine Art Wiedergänger Wilsons gelten und so nimmt es nicht wunder, dass er nur eine sehr geringe Reputation bei den Deutschamerikanern genoss. Beide Präsidenten können als maßgeblich verantwortlich für die dunkelsten Stunden der Deutschamerikaner gelten. Wobei Franklin D. Roosevelt sicherlich zugute gehalten werden kann, dass mit dem nationalsozialistischen Deutschland ein unmenschliches Regime zu bekämpfen war. Wilson dagegen muss angekreidet werden, dass er sich von blinden Vorurteilen und Hetzpropaganda leiten ließ und so, im Endeffekt, in Europa sogar die Machtergreifung der Nazis förderte.

Jedenfalls bedeutete das Ende des Zweiten Weltkrieges für die Deutschamerikaner ebenfalls den Anbruch einer neuen Ära. Nicht nur, dass mit der Berlin-Blockade und dem Marshall-Plan Deutschland, und sei es auch nur der westliche Teil, erstmals wie ein Verbündeter behandelt wurde. Dazu kamen positive Erfahrungen amerikanischer Soldaten in Deutschland, eine neue gemeinsame Frontstellung gegen den sich ausbreitenden Kommunismus und mit Eisenhower ein weiterer deutschstämmiger Präsident.

Seit den 1970er Jahren bestimmen vor allem Spezialisten und Prominente das öffentliche Bild der Auswanderung, da sie die Schlagzeilen bestimmen.

Und dennoch sind die USA bis vor kurzem praktisch das Hauptauswanderungsland für Deutsche geblieben – nur dass heutzutage eben viel weniger Deutsche auswandern. Im Jahr 2004 belegten die Vereinigten Staaten nach Angaben des Statistischen Bundesamtes letztmals den ersten Platz der Beliebtheitsskala der Abwanderungsziele. Damals zogen 12.976 Deutsche in die USA. Seit 2015 nimmt die Beliebtheit merklich ab. 2019 gaben nicht einmal 10.000 Deutsche ihren deutschen Wohnsitz auf, um in die USA zu ziehen – wobei der Wegzug noch keine Einbürgerung bedeutet. Eingebürgert wurden noch einmal deutlich weniger; von 2013 bis 2019 erhielten jedes Jahr im Durchschnitt rund 4.300 Personen einen US-Pass.[178] 2013 belegten Deutsche unter US-Amerikanern, die im Ausland geboren wurden mit einer Zahl von 584.184 immerhin noch Rang 16 und stellten damit das zweitgrößte europäische Kontingent nach Großbritannien (Platz 13 mit 695.489).[179] Bei den Einwanderern in die USA dominieren gegenwärtig bei weitem Nichteuropäer, und es ist aus demographischen Gründen kaum abzusehen, dass sich das jemals wieder ändern wird.

Traditionell zog es deutschsprachige Neuankömmlinge in zwei verschiedene Zielgebiete: den dünn besiedelten ländlichen Raum und die großen Städte. In beiden Zielgebieten hielten viele Siedler anfangs immer dann noch an ihrer Muttersprache fest, wenn sie geschlossenen zusammen lebten.

Im Laufe der Zeit legten die allermeisten Deutschen aber doch ihre Muttersprache ab, meist sogar schon in der zweiten Generation. In den Städten vollzog sich der Sprachwandel mit etwas größerer Geschwindigkeit als im ländlichen Raum, wo der deutsche Einfluss der frühen Siedlergenerationen wesentlich länger nachwirkte. Und auch wenn Städte oft nur als Durchgangsstation dienten, so rückten sie doch als Auswanderungsziele immer weiter in den Vordergrund.

178 https://www.destatis.de/DE/Presse/Pressemitteilungen/2020/10/PD20_N068_12411.html; abgerufen am 5.10.2021.

179 https://de.wikipedia.org/wiki/Einwanderung_in_die_Vereinigten_Staaten, abgerufen 16.01.2017.

Ein Symbolort wie Germantown hat mit seinem Namen mittlerweile kaum noch etwas gemein. Die einstige Kolonisten-Siedlung, heute ein Stadtteil Philadelphias, verlor in den 1960er Jahren viele ihrer deutsch- und irischstämmigen Bürger. Dadurch, dass zwischen 1910 und 1970 etwa sechs Millionen Afroamerikaner aus den Südstaaten in die Industriegebiete des Nordens, Nordostens und Westen zogen (ihre *Great Migration),* hat Germantown heute eine fast ausschließlich schwarze Bevölkerung. Somit kann beispielhaft von einem beinahe völligen Bevölkerungsaustausch gesprochen werden. In Städten wie Baltimore, Minneapolis oder St. Louis lässt sich Ähnliches beobachten. Dagegen sind Regionen wie Lancaster County in Pennsylvania und ebenso weite Gebiete im Mittleren Westen bis heute mehrheitlich von Menschen bevölkert, die nicht nur auf deutsche Wurzeln blicken, sondern oft auch noch deutsche Namen tragen und sogar Traditionen bewahren konnten.

Insgesamt war – abgesehen von den Verwerfungen des frühen 20. Jahrhunderts – das Bild der Deutschen über die längste Zeit der US-amerikanischen Geschichte ausgesprochen positiv geprägt; positiver als das der ebenfalls in großer Zahl eingewanderten Iren, die allein schon durch ihren Katholizismus in den USA mißtrauisch beäugt wurden. Bei den Deutschen hielten sich die Konfessionen etwa die Waage, was aber auch dazu führte, dass sie kein so starkes Gemeinschaftsgefühl wie Iren oder Italiener entwickelten.

Mit den Deutschen wurden zahlreiche Tugenden in Verbindung gebracht: Fleiß, Strebsamkeit, Ordnungssinn, Zuverlässigkeit, Ehrlichkeit, aber eben auch gute Integrierbarkeit. Die Unionsarmee, die im Bürgerkrieg die Südstaaten besiegte, zählte viele deutsche Freiwillige. Nicht zuletzt die Erinnerung an diese Traditionen trägt dazu bei, dass die Bereitschaft, sich zu einer deutschen Abstammung zu bekennen, trotz zweier Weltkriege bei US-Amerikanern durchaus ausgeprägt ist.

Dies zeigte sich – für viele Betrachter doch recht überraschend – erstmals beim *US-Census* von 1980. Die Antwort auf die Frage, als welcher Abstammung sich die Befragten betrachten, ergab nämlich folgende Bekenntnisse: Engländer 26,3 % (49,6 Mill.), Deutsche 26,1 % (49,2 Mill.), an dritter Stelle

Iren mit 21,4 %. Die nächsten Gruppen folgten erst mit höchstens 7 %.[180] Da der Zensus allein auf Selbstauskünften beruht, hätten die Befragten, wäre ihnen ihre Herkunft unangenehm, ebenso gut eine andere angeben können.

Kaum jemand hatte erwartet, dass Deutsche praktisch mit Engländern gleichauf liegen würden, aber der Zensus von 1990 bestätigte diesen Trend nicht nur, sondern übertraf ihn sogar noch. So lagen 1990 die Deutschstämmigen an erster Stelle, nun zwar nur noch mit 23,3 %, dafür aber mit knapp 58 Millionen Menschen. Addiert man die nun eigens ausgewiesenen Klein-Gruppen wie Elsässer, Österreicher u. a., waren es sogar knapp 60 Millionen.

Interessanterweise ist dabei unter den eingewanderten Nationen eine komplett gegensätzliche Selbstidentifikation zu beobachten: Während sich Einwanderer von den Britischen Insel nach ihrer Ankunft nicht übergreifend als Briten, sondern in erster Linie als Engländer, Iren oder Schotten bzw. Ulster-Schotten betrachteten, verstanden sich Einwanderer aus dem mitteleuropäischen Raum in der Neuen Welt vorwiegend als Deutsche, egal ob sie aus der Schweiz, dem französischen Königreich, der Doppelmonarchie oder sogar Russland stammten.

Nach wie vor geht nach eigenen Angaben mehr als die Hälfte der Einwohner in folgenden Bundesstaaten auf deutsche Einwanderer zurück: Wisconsin, beide Dakotas, Nebraska, Iowa. Mehr als ein Drittel waren es in Pennsylvania, Ohio, Indiana, Minnesota, Missouri, Kansas, Montana, Wyoming.[181]

Bei der Volkszählung im Jahre 2000 hatten sich in den meisten der eben genannten Regionen die Mehrheiten mit deutscher Abstammung erhalten. Rund 43 Millionen Amerikaner gaben an, deutsche Vorfahren zu haben. Demnach war jeder sechste US-Bürger deutschstämmig.[182] Nicht nur Deutsche im Allgemeinen verzeichnete der Zensus, sondern auch Bayern, Sachsen, Preußen, Tiroler oder Ostdeutsche und Westdeutsche. Als Einwanderer mit Wurzeln in Österreich bekannten sich 730.000 Personen.

180 Helbich, S. 57–60.

181 Tolzmann 2000, S. 454f.

182 https://usa.usembassy.de/deutschamerikaner-genealogy.htm, abgerufen am 5.10.2021.

Gemäß der Volkszählung von 2000 sprachen in den USA 1.382.610 Menschen Deutsch als Muttersprache, zählt man die Sprecher des Pennsylvania Dutch und des „Luxemburgischen" dazu, beläuft sich die Zahl auf 1.467.184 Sprecher.

Der nächste Zensus, der von 2010, ergab ein ethnisch kaum verändertes Bild: Gesamtbevölkerung 309.349.689, davon 47.901.779 „German", 332.341 „Pennsylvania German", 722.282 „Austrian", 18.752 „German-Russian" gegenüber 34.669.616 „Irish", 25.926.451 „English", 1.793.356 „Welsh", 1.181.340 „British", 19.975.875 „American", 17.235.941 „Italian".

Diese alle zehn Jahre erhobenen Umfragen schwanken zwar und beruhen allein auf den Selbstauskünften der Befragten, belegen aber bis in die Gegenwart einen Stamm von etwa 50 Millionen US-Amerikanern, der sich als deutschstämmig betrachtet. Das sind etwa 17 % der Gesamtbevölkerung bzw. 26 % der nicht-hispanischen Weißen.[183]

Bedauerlicherweise ist beim Zensus-Verfahren 2020 die Frage nach der ethnischen Herkunft gestrichen und durch die Zugehörigkeit zur „Rasse" ersetzt worden. Ein deutliches Zugeständnis an die Diversitätspolitik, bei der es um die Segregation in bestimmte Volksgruppen geht, die entweder gefördert oder eben nicht gefördert werden sollen. In Anbetracht der neuen Rubriken und ihrer Bezifferung (76 % aller Einwohner „weiß", 13 % „schwarz", 18 % „Hispanic") hatte sich von 2010 zu 2020 an der vom Zensus festgehaltenen Verteilung der Bevölkerung aber offenbar kaum etwas geändert.

Da die Bevölkerung der USA weiter wächst, jedoch kaum noch Deutsche ins Land kommen, dürften bei bleibender Tendenz die Deutschstämmigen von den Hispanics als stärkste Bevölkerungsgruppe über kurz oder lang abgelöst werden. Dass ihr Anteil an der Gesamtbevölkerung zurückgeht, gilt freilich auch für jene Gruppen, die in Nord- und Westeuropa ihre Wurzeln haben.

Das Zeugnis der Geschichte aber bleibt. An den wesentlichen Weichenstellungen für die amerikanische Gesellschaft in den vergangenen drei Jahrhunderten hatten deutsche Auswanderer einen ganz erheblichen Anteil. Sie hinterließen

183 https://en.wikipedia.org/wiki/German_American, abgerufen 11.01.2014.

überall im Land ihre Spuren, in manchen Regionen mehr, in anderen weniger oder gar nicht, heute oftmals zudem nur noch schwer zu erkennen. Es lohnt sich in jedem Fall, all diesen Spuren nachzugehen und es ist immer wieder spannend, feststellen zu können, wie nahe verwandt wir doch unseren Vettern jenseits des Ozeans sind. So wie man in Berlin oder im Ruhrgebiet im Telefonbuch auf eine Vielzahl von polnischen Namen stößt, begegnet einem in jedem Abspann eines Hollywoodfilms eine Vielzahl deutscher Namen.

Zweifellos zählt das Wissen um diesen deutschen Anteil in der Öffentlichkeit nicht unbedingt zum Allgemeingut. Natürlich trugen die Anglisierung und schnelle Anpassung der Neuankömmlinge zum Vergessen bei. Und gerade da, als nach drei Jahrhunderten Einwanderung alles, was deutsch war, in Nordamerika seine stärkste Stellung erreicht hat, folgte auf den Höhepunkt der Fall: Zwei Weltkriege, und hier eigenartigerweise gerade der Erste, bildeten deutliche Zäsuren und brachten die Erinnerung an den deutschen Beitrag zum Entstehen der USA auf Abstand.

Aber es ist auch die vereinfachte Geschichtsbetrachtung des Hollywood-Kinos und der modernen Populärkultur, die ihren Anteil daran hat. Gern wird da bis heute das simplifizierende Bild vermittelt: England wurde zu Neuengland – und das habe die Vereinigten Staaten geschaffen. Sucht sich Hollywood Stoffe aus der Zeit vor der Gründung der 13 Kolonien, dann immer wieder in Old-England, von Robin Hood und Richard Löwenherz bis zu Heinrich VIII. und Queen Elizabeth I. Zu diesem einseitigen Blick tragen die vielen amerikanisch-englischen Ko-Produktionen ebenfalls ihren Teil bei.

Umgekehrt wurden deutsche Elemente in diesen Filmstories selbst dann noch eher unterschlagen, wenn sie leicht zu greifen gewesen wären – siehe General Herkimer in „Trommeln am Mohawk“ oder die Tilgung der deutschen Herkunft des Gründers des ersten unabhängigen Filmstudios im Spielfilm „Nickelodeon“. Die deutschen Anteile an der US-Geschichte vor dem Vergessen zu bewahren dürfte denn auch die Aufgabe für die Zukunft sein, wobei es bereits Anfänge gibt (vgl. eine Figur wie Dr. Schultz in „Django Unchained“).

Damit kann dann aber zugleich eine Brücke zu unserem Land geschlagen werden, das sich immer wieder vom Verbündeten jenseits des Atlantik entfremdet. Die USA sind bis heute eines der Länder der Welt, die uns Deutsche am meisten faszinieren. Dabei etablierte sich eine eigenartige Hassliebe, die in

Wellen immer wieder in die eine oder andere Richtung ausschlagen kann. Je nach Standpunkt wird dabei über Amerikas Politik geschimpft und zugleich seiner Kultur gehuldigt – oder umgekehrt. Man kann sich als Linker über die „US-Imperialisten" erregen, dabei Jeans tragen, amerikanische Popmusik hören und amerikanische Bürgerrechtler hochleben lassen, während es im konservativen Lager nicht Besonderes ist, die USA als Garanten der „freien Welt" zu feiern, jedoch die amerikanische Massenkultur als vulgär zu verachten und Phänomene wie die „Political Correctness" zu verabscheuen.

Die USA sind der Inbegriff des Kapitalismus, sie sind militärisch und ökonomisch eine Weltmacht und der Trendsetter einer Weltkultur in Zeiten der Globalisierung. IhreVormachtstellung, vielleicht im Verein mit ihrer christlichen Prägung, mag das Ausmaß der Erregung erklären, welche die Vereinigten Staaten unter ihren Freunden und Gegnern zu erzeugen vermögen. Gerade die Tatsache, dass die amerikanische Gesellschaft von einer ausgeprägten Eigenverantwortlichkeit geprägt wurde und wird, ist vielen (kontinentalen) Europäern eher suspekt. Wenn wir aber die engen verwandtschaftlichen Beziehungen wieder neu entdecken, kann das auch über gegensätzliche politische Anschauungen hinweg ein einigendes Band sein.

In der hier vorgestellten Geschichte konnte man noch auf etwas anderes stoßen. Zwar waren immer wieder deutsche Vorfahren zu entdecken, aber ebenso gab es immer wieder die Synthese der unterschiedlichen Herkunftsnationen. Da sind die Deutschstämmigen, deren Abstammungslinien sich irgendwann verzweigen, weil ihr Vater etwa eine Irin zur Frau genommen oder die Urgroßmutter in der Neuen Welt einen Engländer geheiratet hat. Sogar der erste farbige Präsident Barack Obama kann wegen der vielfältigen Verschmelzungen auf deutsche Vorfahren zurückblicken.

Dies alles mag uns Alt-Europäern, die wir mit der europäischen Einigung beschäftigt sind, zeigen, welche Erfolge das Zusammenwirken verschiedener Nationen hervorbringen kann, wenn es gelingt, ein wirkliches Gemeinschaftsgefühl zu entwickeln. Die USA sind historisch gesehen gewissermaßen die logische Fortentwicklung Europas.

Und sie sind dadurch auch eine Verwirklichung des – europäischen – Traumes einer „besseren" Gesellschaft: das Land der „unbegrenzten Möglichkeiten", der Meinungsfreiheit und fehlenden Klassenschranken. *E pluribus unum* („Aus vielen eines“; englisch: *One from many)* ist der Wappenspruch im Großen Siegel der Vereinigten Staaten, dem offiziellen Dienstsiegel und Hoheitszeichen, und er kündet vom Zusammenschluss der Bundesstaaten unter einem Dach ebenso wie von der Idee, dass sich Menschen trotz aller Verschiedenheit der Herkünfte zu einer Gemeinschaft vereinen. Sicherlich gab es dabei auch Ausgangsbedingungen, die einen solchen Verbund möglich machten, nicht zuletzt die einheitliche Sprache. In Europa wird es deshalb auf absehbare Zeit keine solche Einheit geben können, aber selbst wenn die Europäische Union nie zu den *Vereinigten Staaten von Europa* wird, bleiben sich Amerikaner und Europäer doch nahe. Durch ihre Geschichte sind sie untrennbar verbunden, und diese gemeinsame Geschichte wäre, wie gezeigt wurde, ohne die deutschen Einwanderer eine ganz andere. Unübersehbar ist der Anteil, den die Deutschen neben den Briten bei der Herausbildung der amerikanischen Nation hatten.

Beide Völker haben gerade in der Phase, in der sich entscheidende Merkmale des „amerikanischen Wesens“ herausbildeten, die Einwanderung dominiert – mit Folgen bis heute.

Literaturverzeichnis

O. A.: *Vice Versa. Deutsche Maler in Amerika. Amerikanische Maler in Deutschland* (Katalog Ausstellung Berlin). München 1996.

O. A.: *Schöne Neue Welt* (Katalog), Bearb. Dieter Pesch, 2 Bde., Kommern 2001.

Austin, Victor: *Der Amerikanische Bürgerkrieg in Augenzeugenberichten.* Stuttgart 2011.

Bade, Klaus J. (Hg.): *Deutsche im Ausland. Fremde in Deutschland. Migration in Geschichte und Gegenwart.* München 1992.

Bialuschewski, Arne: *Piratenleben. Die abenteuerlichen Fahrten des Seeräubers Richard Sievers.* Frankfurt/New York 1997.

Blaschke, Monika: „,Deutsch-Amerika' in Bedrängnis. Krise und Verfall einer ,Bindestrichkultur'", in: *Bade*, S. 170–178.

Blume, Helmut: *Die Entwicklung der Kulturlandschaft des Mississippideltas in kolonialer Zeit unter besonderer Berücksichtigung der deutschen Siedlung.* Kiel 1956.

Blaschke-Eick, Simone: *In die Neue Welt! Deutsche Auswanderung in drei Jahrhunderten.* Hamburg 2010.

Brendle, Thomas R.: *William Rittenhouse and Moses Dissinger. Two eminent Pennsylvania Germans.* o. O. (Pennsylvania German Society) 1959.

Bronner, Simon J./Bron, Joshua R.: *Pennsylvania Germans. An Interpretive Encyclopedia.* Baltimore 2007.

Brown, John: *Gustav Weißkopf und die Brüder Wright. Wer flog zuerst.* München 2016.

Brunner, Bernd: *Nach Amerika. Die Geschichte der deutschen Auswanderung.* München 2009.

Chalmel, Loic: *Oberlin. Ein Pfarrer der Aufklärung.* Potsdam/Waldersbach 2012.

Compton, Stephen C.: *North Carolinas Moravian Potters. The Art and Mystery of Pottery-Making in Wachovia.* Winston-Salem 2019.

Crane, Verner W.: *The Southern Frontier 1670–1732.* Tuscaloosa 2004 (Reprint von 1929).

Cronau, Rudolf: *Drei Jahrhunderte deutsches Leben in Amerika.* Berlin 1924.

Cumming, William P.: *The Discoveries of John Lederer.* University of Virginia Press 1958.

Czaya, Eberhard (Hg.): *Zwischen Hudson und Mississippi – Berichte deutscher Reisender des 18. und 19. Jahrhunderts.* Berlin 1987.

Duden, Gottfried: *Bericht über eine Reise nach den westlichen Staaten Nordamerikas.* Elberfeld 1829.

Donck, Adriaen van der: *A Description of New Netherland.* University of Nebraska Press 2008.

Edmonds, Walter D.: *Pfauenfeder und Kokarde.* Berlin 1938.

Emmerich, Alexander: *Die Geschichte der Deutschen in Amerika.* Köln 2010.

Emmerich, Alexander: *John Jacob Astor. Der erfolgreichste deutsche Auswanderer.* Stuttgart 2009.

Erskine, Albert Russel: *History of the Studebaker Corporation.* South Bend/Indiana 1918.

Ester, Peter: *Die Amish People. Überlebenskünstler in der modernen Gesellschaft.* Düsseldorf 2005.

Evjen, John O.: „The First Germans in New York", in: *Tolzmann* 2008, S. 390–436.

Falk, Cynthia G.: *Architecture and Artefacts of the Pennsylvania Germans.* Pennsylvania University Press 2008.

Faust, Albert B.: *The German Element in the United States.* Vol. 1, Boston/New York 1909.

Faust, Albert B.: *Das Deutschtum in den Vereinigten Staaten in seiner Bedeutung für die Amerikanische Kultur.* Leipzig 1912a.

Faust, Albert B.: *Das Deutschtum in den Vereinigten Staaten in seiner geschichtlichen Entwicklung.* Leipzig 1912 (= deutsche Fassung von Faust 1909).

Finzsch, Norbert: *Konsolidierung und Dissens. Nordamerika von 1800–1865.* Münster 2006 (Geschichte Nordamerikas in atlantischer Perspektive von den Anfängen bis zur Gegenwart Bd. 5).

Fogleman, Aaron Spencer: *Hopeful Journeys. German Immigration. Settlement and Political Culture in Colonial America 1717–1775.* Philadelphia 1996.

Furer, Howard B.: *The Germans in America 1607–1970.* Dobbs Ferry/New York 1973.

Gellinek, Christian: *Going Dutch – Gone American. Germans Settling North America.* Münster 2003.

Gellinek, Christian: *„Those Damn' Dutch" The Beginning of German immigration in North America during the Thirty Years War.* Frankfurt/New York 1996.

Glatfelter, Charles H.: *Pastors and People. Volume I Pastors and Congregations.* Breinigsville Pennsylvania 1980.

Grabbe, Hans-Jürgen: *Vor der großen Flut. Die europäische Migration in die Vereinigten Staaten von Amerika 1783–1820.* Stuttgart 2001.

Grassl, Gary Carl: *The First Germans in America.* Alexandria (Va.) 2009.

Griep, Wolfgang (Hg.): *Friederike von Riedesel. Mit dem Mut einer Frau. Erlebnisse und Erfahrungen im Amerikanischen Unabhängigkeitskrieg.* Berlin 1989.

Griffin, Patrick: *The People with no Name. Irelands Ulster Scots America's Scots Irish and the Creation of a British Atlantic Wordl.* 1689–1764 (Princeton/Oxford 2001.

Griffis, William Elliot: *The Story of New Netherland.* Middletown Delaware 2019 (Nachdruck von 1909).

Hartkopf, Herbert: *Trapper, Scouts & Pioneers aus der Kurpfalz.* Heidelberg 2009.

Helbich, Wolfgang H.: *„Alle Menschen sind dort gleich …" Die deutsche Amerika-Auswanderung im 19. und 20. Jahrhundert.* Düsseldorf 1988.

Helbich, Wolfgang/Kamphoefner (Hg.): *Deutsche im Amerikanischen Bürgerkrieg. Briefe von Front und Farm 1861–1865.* Paderborn/Wien/München/Zürich 2002.

Hennighausen, Louis P.: „First Germans Immigrants to North America" (Nachlaß des Autors) http://www.mdhs.org/findingaid/louis-p-hen-nighausen-collection–1868–1925-ms–1493, abgerufen 24.4.2020.

Hochgeschwender, Michael: *Die Amerikanische Revolution. Geburt einer Nation 1763–1815.* München 2006.

Holl, Karin: *Kreißler – Chrysler, eine Auswanderungsgeschichte.* Vaihingen/Enz 2001.

Huddle, William Peter: *History of the Hebron Lutheran Church Madison County.* Virginia from 1717–1990, Madison 1990.

Irving, Washington: *Dietrich Knickerbockers humoristische Geschichte der Stadt New York.* Frankfurt am Main/Leipzig 1981.

Irving, Washington: *Sleepy Hollow und andere unheimliche Geschichten.* Frankfurt am Main /Leipzig 2009.

Jung, Hermann: *Die deutschen Kriegsgefangenen in amerikanischer Hand.* USA/ München 1972.

Kapp, Friedrich: *Geschichte der Deutschen im Staate New York bis zum Anfange des neunzehnten Jahrhunderts.* New York 1863 (3. Auflage).

Kaufmann, Wilhelm: *Die Deutschen im Amerikanischen Bürgerkrieg.* Hamburg 2015 (Nachdruck 1911).

Kluge, Volker: *Olympische Sommerspiele. Die Chronik I. Athen 1896 – Berlin 1936.* Berlin 1997.

Knuth, Eldon L.: *Auf den Spuren von Jürnjakob Swehn oder Wer hat jene Briefe geschrieben?.* Rostock 2009.

Kraig, Bruce: *Man Bites Dog: Hot Dog Culture in America.* Lanham/Maryland 2012.

Löher, Franz von: *Geschichte und Zustände der Deutschen in Amerika.* Göttingen 1855 (2. Auflage).

Lohr, Otto: *The First Germans in North-America and the German Element of New Netherland.* New York 1912.

Maier, Ulrich: *Siedlungsgeschichte des Unterlandes* (Schriftenreihe des Landkreises Heilbronn 4). Heilbronn 1997.

Mason, A. E. W.: *The Dark Invader.* London 1933.

McCartney, Martha W.: *Virginia Immigrants and Adventures 1607–1635.* Baltimore 2007.

Merrell, James H.: *Into the Woods.* New York 2000.

Merrel, James H.: *Into the American Woods. Negotiatons on the Pennsylvania Frontier.* New York 1999.

Mittelberger, Gottlieb: *Reise nach Pennsylvanien im Jahr 1750.* Sigmaringen 1997.

Neumann, Ursula: *Pribers Paradies. Ein deutscher Utopist in der amerikanischen Wildnis.* Frankfurt am Main 2001.

O'DONELL, EDWARD T.: *Der Ausflug. Das Ende von Little Germany.* New York/Hamburg 2006.

OVERMANS, RÜDIGER: „Das Schicksal der deutschen Kriegsgefangenen des Zweiten Weltkrieges", in: *Das Deutsche Reich und der Zweite Weltkrieg.* Band 10/2, Der Zusammenbruch des Deutschen Reiches 1945, München 2008, S. 379–508.

REINHARDT, WOLFGANG: *Die Unterwerfung der Welt. Globalgeschichte der europäischen Expansion 1415–2015.* München 2016.

SCHMIDT, GUSTAV: *Geschichte der USA.* Darmstadt 2004.

SCHNEIDER-SLIWA, RITA: *USA. Geographie, Geschichte, Wirtschaft, Politik.* Darmstadt 2005. (Reihe Wissenschaftliche Länderkunden)

REICHART, WALTER A.: *Washington Irving and Germany.* Ann Arbor 1957.

REIST, ARTHUR L.: *Conestoga Wagon – Masterpiece of the Blacksmith.* Lancaster Pennsylvania 1975.

ROSE, HAROLD WICKLIFFE: *The Colonial Houses of Worship in America.* New York 1963.

RUHL, KLAUS-JÖRG: *Die amerikanische Besatzungszone.* Düsseldorf 1989.

SCHURICHT, HERRMANN: *History of the German Element in Virginia.* Baltimore 1898.

SHORTO, RUSSELL: *New York. Insel in der Mitte der Welt.* Hamburg 2007.

SPLITTER, WOLFGANG: „Von allerhand merkwürdigen Sachen". Die deutschsprachige Presse in Pennsylvania und ihre politische Bedeutung im 18. Jahrhundert, in: *Schöne Neue Welt.* S. 71–111.

STUDER, RUEDI: *Der Prozess gegen Captain Henry Wirtz und seine Hintergründe 1865.* Nordhausen 2006.

SUESSER, CARL: War Lederstrumpf ein Deutscher?, in: *Westermanns Monatshefte. Illustrierte Deutsche Zeitschrift.* Mai 1934, Braunschweig 1934, S. 245–249.

TICE, GEORGE: *Fields of Peace. A Pennsylvania German Album.* Jaffrey/New Hampshire 1998.

TOLZMANN, DON HEINRICH: *The First Germans in America.* Westminster Maryland 2008.

TOLZMANN, DON HEINRICH: *The German-American Experience.* New York 2000.

TOLZMANN, DON HEINRICH: *German Immigration to America. The First Wave.* Westminster/Maryland 2007.

TREES, WOLFGANG/WHITING: Charles/Omansen, Thomas/Ruhl, Klaus-Jörg/Thies, Jochen/Daak, Kurt von, Stunde Null in Deutschland. Die westlichen Besatzungszonen 1945–1948, Düsseldorf 1989.

TURK, ELEANOR L.: Germans in Kansas, in: Kansas History 28/2005, S. 44–71.

WARD, CHRISTOPHER: *The Dutch and Swedes on the Delaware 1609–1664.* Philadelphia 1930.

WELLENREUTHER, HERMANN: *Citizens in an Strange Land. A Study of German-American Broadsides and their Meaning for Germans in North America 1730–1830.* Pennsylvania State University 2013.

Wellenreuther, Hermann: Niedergang und Aufstieg. Geschichte Nordamerikas vom Beginn der Besiedlung bis zum Ausgang des 17. Jahrhunderts. (*Geschichte Nordamerikas in atlantischer Perspektive von den Anfängen bis zur Gegenwart* Bd. 1) Hamburg 2000.

Wellenreuther, Hermann: Ausbildung und Neubildung. Die Geschichte Nordamerikas vom Ausgang des 17. Jahrhunderts bis zum Ausbruch der Amerikanischen Revolution 1775. (*Geschichte Nordamerikas.* Bd. 2). Hamburg 2001.

Wellenreuther, Hermann: Von Chaos und Krieg zu Ordnung und Frieden. Die Amerikanische Revolution, Erster Teil 1775–1783. (*Geschichte Nordamerikas*, Bd. 3). Münster 2006.

Wellenreuther, Hermann: Von der Konföderation zur Amerikanischen Nation. Die Amerikanische Revolution, Zweiter Teil, 1783–1794. (*Geschichte Nordamerikas* Bd. 4). Berlin 2016.

Weslager, C. A.: *A Man And His Ship: Peter Minuit and the Kalmar Nyckel.* Wilmington Delaware 2007.

Witcover, Jules: *Sabotage at Black Tom. Imperial Germany's Secret War in America 1914–1917.* New York 1989.

Wokeck, Marianne S.: *Trade in Strangers. The Beginning of Mass Migration to North America.* Pennsylvania University Press 1999.

Abbildungsnachweise

Alle Abbildungen von Matthias Friske, mit Ausnahme von:

Abb. 1 (S. 21): CRONAU, S. 332.
Abb. 5 (S. 40): Ausstellung Nationalpark Jamestown.
Abb. 6 (S. 41): CRONAU, S. 13.
Abb. 7 (S. 42): CRONAU, S. 18.
Abb. 11 (S. 54): WOKECK, S. 3.
Abb. 14 (S. 58): WOKECK, S. 24.
Abb. 15 (S. 67): FOGLEMAN, S. 123.
Abb. 22 (S. 74): FAUST 1909, Karte nach S. 264.
Abb. 25 (S. 77): CUMMING, Frontispiz.
Abb. 28 (S. 87): CRONAU, S. 68.
Abb. 33 (S. 116): FAUST 1909, Karte nach S. 576.
Abb. 38 (S. 134): BADE, S. 159.
Abb. 39 (S. 135): BADE, S. 164.
Abb. 40 (S. 140): „Wrong Food for our Children", *Cincinnati Post* vom 5. September 1917.

GESCHICHTSWISSENSCHAFT

Bd. 1 Friedrich Tomberg: Weltordnungsvisionen im deutschen Widerstand. Kreisauer Kreis mit Moltke – Goerdeler-Gruppe – Honoratioren. Stauffenbergs weltanschauliche Motivation. 214 Seiten. ISBN 978-3-86596-000-9

Bd. 2 Wolfgang Wippermann: Auserwählte Opfer? Shoah und Porrajmos im Vergleich. *Eine Kontroverse*. 2. Auflage. 174 Seiten. ISBN 978-3-86596-003-0

Bd. 3 Wolfgang Wippermann: Rassenwahn und Teufelsglaube. 156 Seiten. ISBN 978-3-86596-007-8

Bd. 4 Nicolai M. Zimmermann: Die veröffentlichten Bilanzen der Commerzbank 1870–1944. Eine Bilanzanalyse unter Einbeziehung der Bilanzdaten von Deutscher Bank und Dresdner Bank. 202 Seiten. ISBN 978-3-86596-018-4

Bd. 5 Kathleen Klotchkov: Der lange Weg zum Fest. Die Geschichte der Moskauer Stadtgründungsfeiern von 1847 bis 1947. 374 Seiten. ISBN 978-3-86596-051-1

Bd. 6 Markus Leniger: Nationalsozialistische „Volkstumsarbeit“ und Umsiedlungspolitik 1933–1945. Von der Minderheitenbetreuung zur Siedlerauslese. 2. Auflage. 258 Seiten. ISBN 978-3-86596-082-5

Bd. 7 Katharina Weikl: Krise ohne Alternative? Das Ende des Alten Reiches 1806 in der Wahrnehmung der süddeutschen Reichsfürsten. 186 Seiten. ISBN 978-3-86596-095-5

Bd. 8 Karl Giebeler/Abraham Peter Kustermann (Hg.): Erinnern und Gedenken – Paradigmenwechsel 60 Jahre nach Ende der NS-Diktatur? 110 Seiten. ISBN 978-3-86596-109-9

Bd. 9 Christoph Wagner: Entwicklung, Herrschaft und Untergang der nationalsozialistischen Bewegung in Passau 1920 bis 1945. 614 Seiten. ISBN 978-3-86596-117-4

Bd. 11 Jessica Hoffmann/Anja Megel/Robert Parzer/Helena Seidel (Hg.): Dahlemer Erinnerungsorte. Mit einem Nachwort von Wolfgang Wippermann. 300 Seiten. ISBN 978-3-86596-144-0

Bd. 12 Birgit Stalder: „Der Ehehimmel begann schon früh sich zu trüben …“. Geschlechterbeziehungen und Machtverhältnisse in Scheidungsprozessen zwischen 1876 und 1911. Ein interkonfessioneller Vergleich. 428 Seiten. ISBN 978-3-86596-163-1

Bd. 13 Jessica Hoffmann/Helena Seidel/Nils Baratella (Hg.): Geschichte der Freien Universität Berlin. Ereignisse – Orte – Personen. 310 Seiten. ISBN 978-3-86596-205-8

Bd. 14 Katja Köhr/Hauke Petersen/Karl Heinrich Pohl (Hg.): Gedenstätten und Erinnerungskulturen in Schleswig-Holstein. Geschichte, Gegenwart und Zukunft. 204 Seiten. ISBN 978-3-86596-280-5

GESCHICHTSWISSENSCHAFT

Bd. 15 Selina Krause: „Marienkinder“ im Katholizismus des 19. Jahrhunderts. Religiosität, Weiblichkeit und katholische Gesellschaftsbildung. 312 Seiten. ISBN 978-3-86596-295-9

Bd. 16 Reinhard Johler/Josef Wolf: Beschreiben und Vermessen. Raumwissen in der östlichen Habsburgermonarchie im 18. und 19. Jahrhundert. 732 Seiten. ISBN 978-3-86596-347-5

Bd. 17 Hedvig Ujvári: Zwischen Bazar und Weltpolitik. Die Wiener Weltausstellung 1873 in Feuilletons von Max Nordau im *Pester Lloyd*. 740 Seiten. ISBN 978-3-86596-336-9

Bd. 18 Martin Freksa: Genesis Europas. 506 Seiten. ISBN 978-3-86596-385-7

Bd. 19 Patrik von zur Mühlen: „Der friedliebende Staat aller Werktätigen“. Vom Aufstieg und Untergang der SED-Diktatur. 336 Seiten. ISBN 978-3-86596-388-8

Bd. 20 Martin Grasmannsdorf: Die Umsiedlungslager der Volksdeutschen Mittelstelle im Gau Württemberg-Hohenzollern 1940–1945. Eine Bestandsaufnahme. 158 Seiten. ISBN 978-3-86596-511-0

Bd. 21 Rossana Lucchesi: RAF und Rote Brigaden – Deutschland und Italien von 1970 bis 1985. 318 Seiten. ISBN 978-3-86596-509-7

Bd. 22 Hüner Tuncer: Das Osmanische Reich und Metternichs Politik. Übersetzt von Mehmet Tahir Öncü. 168 Seiten. ISBN 978-3-7329-0047-3

Bd. 23 Gunter Spraul: Der Franktireurkrieg 1914. Untersuchungen zum Verfall einer Wissenschaft und zum Umgang mit nationalen Mythen. 684 Seiten. ISBN 978-3-7329-0242-2

Bd. 24 Christian R. Homrichhausen: Soziales Engagement Evangelischer Arbeitnehmer in Berlin und Brandenburg 1848–1973. Vereine – Evangelisch-Soziale Schule – Sozialakademie – Partei – Gewerkschaft. 412 Seiten. ISBN 978-3-7329-0205-7

Bd. 25 Haus der Geschichte Baden-Württemberg (Hg.): Verräter? Vorbilder? Verbrecher? Kontroverse Deutungen des 20. Juli 1944 seit 1945. 268 Seiten. ISBN 978-3-7329-0276-7

Bd. 26 Rasim Marz: Ali Pascha – Europas vergessener Staatsmann. 264 Seiten. ISBN 978-3-7329-0247-7

Bd. 27 Karen Schäfer: Die Militärstrategie Seeckts. 316 Seiten. ISBN 978-3-7329-0303-0

Bd. 28 Gerassimos Alexatos: Die Griechen von Görlitz 1916–1919. 232 Seiten. ISBN 978-3-7329-0414-3

GESCHICHTSWISSENSCHAFT

Bd. 29 Kathrin Kiefer/Lisa Lüdke/Markus Raasch/Verena Schmehl (Hg.): Kinder im Krieg. Rheinland-pfälzische Perspektiven vom 16. bis zum 20. Jahrhundert. 252 Seiten. ISBN 978-3-7329-0364-1

Bd. 30 Franz Müller: Ein Gebirgsartillerist (1. Geb.-Div.) an der Front und in Gefangenschaft 1939–1950. Tagebuchaufzeichnungen und Notizen aus Polen, Russland und vom Balkan. Herausgegeben und kommentiert von Gunter Spraul. 528 Seiten. ISBN 978-3-7329-0565-2.

Bd. 31 Kristian Raum: Lucien Febvre und das historisch-didaktische Potenzial von Geschichtsschreibung. 406 Seiten. ISBN 978-3-7329-0640-6

Bd. 32 Leopold Schuhmachers Weg zur Marine. Vom Dänholm zur „Horst Wessel" (1937). Herausgegeben und kommentiert von Gunter Leopold Spraul. 434 Seiten. ISBN 978-3-7329-0707-6

Bd. 33 Ioan-Aurel Pop: Southeastern Europe in the Middle Ages and Early Modern Times. Power and Influence Between Vatican and Orthodoxy. 220 Seiten. ISBN 978-3-7329-0753-3

Bd. 34 Matthias Friske: Die Neue Welt der Deutschen. Deutsch-Amerika – ein fast vergessenes Kapitel amerikanischer Geschichte. 172 Seiten. ISBN 978-3-7329-0811-0